Axel Thorer
Liebeserklärung an Mallorca

Axel Thorer

Liebeserklärung an
MALLORCA

Die Sonne, die See und die Sehnsucht.
Alles in zwei Stunden Entfernung ...

Stürtz

Die mallorkinischen Volksweisheiten wurden dem Buch „Unser kleiner Felsen Mallorca" von Jan Lammers entnommen (ISBN: 9788461631636).

Buchgestaltung:
SILBERWALD® – Agentur für visuelle Kommunikation, Würzburg
www.silberwald.eu

Covergestaltung:
Andreas Wiedemann

Karte:
Kartographiestudio Jochen Fischer, Aichach
www.kartographiestudio.de

Printed in Germany

Druck/Verarbeitung:
AZ Druck und Datentechnik, Kempten
www.az-druck.de

ISBN 978-3-8003-4751-3

INHALT

TRÄUME KENNEN KEINE KRISE

Über den ungebrochenen und nie versiegenden Charme Mallorcas, oder: Von der Lust, mit Freude aufzustehen, weil der Morgen schon wieder lacht.

„Molve"

„Alles wird gut!" *(Das wichtigste Wort, das auch jeder Besucher kennen und anwenden sollte. „Molve" spricht man es, geschrieben sieht es so aus: „Molt-be")*

Neulich hat ein kluger Mann gesagt: „Solange die Sonne aufgeht über Mallorca, solange wird die Insel immer populär sein!" Man könnte diesen Satz noch ergänzen: „Und das ist deshalb so, weil Träume keine Krise kennen!" Der Traum vom Leben an der Sonne zum Beispiel. Von der Lust, mit Freude aufzustehen, weil der Morgen schon wieder lacht. Aus den eigenen vier Wänden zu treten und das Salz in der Luft zu spüren, das vom Meer stammt, das ebenso blau ist wie der Himmel.

Es war viel zu hören in den letzten Monaten, nur nicht von den Glücklichen. Die schwiegen, weil sie schlau sind; weil sie begriffen haben, wie wertvoll ihr Besitz gerade dann ist, wenn andere von Krise sprechen – und dabei ihre Träume vergessen.

Seit etwa 2050 Jahren zieht es Menschen nach Mallorca. Einige blieben mehrere 100 Jahre lang, andere nur eine Generation, und gerade feiert die „Mallorca Zeitung" jene Deutschen, die vor 60

Jahren kamen und glücklich sind. Weil ihr Traum wahr wurde. Die freut es zwar, wenn ihre Immobilie im Wert steigt, aber es wär' ihnen egal, wenn sie's nicht täte. Denn es ist ihr Heim. Unverkäuflich. Der Wohnsitz ihres Traums. Der Traum hat keinen Preis.

Mallorca ist die Insel der Seligen für Menschen, die den Winter satt haben, der oft so tut, als gehöre ihm das halbe Jahr. Die erleben wollen, was so vielen passiert – dass sie plötzlich stramm und gesund auf die 90 zugehen. Und die, wenn sie wollen, nur eine Stunde und 50 Minuten entfernt sind von ihrer Herkunft. Oder umgekehrt entfernt von ihrem Traum.

Mallorca ist ein Mikrokosmos, der eine ganze Welt darstellt. Mit einem Angebot à la carte: fruchtbare Ebene, dramatische Berge, sanfter Strand, beschauliche Dörfer, wuseliges Palma, Kokon der Urbanisationen, Einsamkeit des alten Gehöfts, schickes Penthouse über den Dächern, eine Wohnung, Finca oder Villa. Darf's was für 250 000 Euro sein oder für 25 Millionen?

Nichts ist unmöglich, über allem geht täglich die Sonne auf und es gibt einen, der garantiert, dass das die nächsten 1000 Jahre so bleiben wird. Und der wohnt so exklusiv, dass ihn noch keiner gesehen hat ...

WIE ALLES BEGANN ...

Das Problem ist, dass man ein Land dehnen kann, durch Eroberung der Nachbarn, eine Insel jedoch nicht. Was also tun, wenn eine Insel zu beliebt wird und aus den Nähten platzt?

„No hi ha millor mestre que sa necessitat.“

„Es gibt keinen besseren Lehrmeister als die Notwendigkeit.“

(Not macht erfinderisch.)

Man erlebt es mit Mallorca, das mit 3620 Quadratkilometern etwa viermal so groß ist wie Rügen, rund ein Drittel größer als das Saarland, ein Siebtel von Sizilien und ein Zehntel von Baden-Württemberg. Die Insel würde 100 Mal ins Gebiet der Bundesrepublik passen, aber 28 Staaten, alle Mitglied der UN, sind kleiner, darunter Luxemburg, die Malediven und Singapur.

Man muss sich das so vorstellen: Rund vier Millionen Deutsche fallen jedes Jahr ein. Mallorca hat aber nur etwa 800 000 Einwohner. Umgekehrt hieße das: rund 400 Millionen Mallorkiner müssten jedes Jahr in Deutschland Urlaub machen ...

Oder: 120 000 Deutsche besitzen eine Immobilie auf der Insel, jeder achte Inselbewohner ist bereits Germane. Jetzt stelle man sich vor, zehn Millionen Mallorkiner hätten Immobilien in

Deutschland ... – nun gut, so viele Mallorkiner gibt's gar nicht. Aber das ist schon mal ein Teil der Antwort auf die Frage: Was hat sich denn so alles verändert in den letzten 40 Jahren? Der österreichische Dramatiker Thomas Bernhard, der ab 1979 regelmäßig Herbsttage auf Mallorca verbrachte, gibt einen anderen Antwort-Teil, denn eines Jahres kam er nicht mehr. Warum? Als seine Lieblingsbar, das „Miami" in Palma, „auf neu" renoviert wurde, sagte er: „Die Insel ist für mich erledigt." Das war konsequent, geschieht aber selten.

Eine Statistik: Anfang der 60er-Jahre wurde alle zwei Tage, eine Stunde, 42 Minuten ein neues Hotel eröffnet und am 2. Mai 1964 das Tausendste. Im Moment entstehen pro Jahr maximal zwei neue Hotels und ein paar mehr werden abgerissen, weil sie vor 40 Jahren ohne Genehmigung und mit Billigbaustoffen errichtet wurden. Auch das ist konsequent, aber geschieht recht spät.

Man nannte Mallorca damals die „Putzfraueninsel". Das war nicht nett und zudem falsch, weil auch damals schon jeder gern eine gehabt hätte. Eine Putzfrau. Die Damen waren neugierig vor 40 Jahren, fuhren herum, schauten sich viel an, radebrechten Spanisch, heirateten Mallorkiner oder kamen wieder und waren, sozusagen, die Trümmerfrauen des mallorkinischen Tourismuswunders.

Heute? Kaum ein Mensch fährt rum und man braucht kein Spanisch mehr. Mehr Mallorkiner sprechen Deutsch als Deutsche Spanisch. Dafür wird kein Gratis-Cognac mehr zum Kaffee serviert, Eingeborene kaufen ihre Torten gern in der Insel-Filiale von Coppenrath & Wiese und folgender Heimat-Dialog ist von zwei deutschen Urlauberinnen überliefert:

„Wo warst Du im Urlaub?"

„Auf Mallorca."

„Wo liegt das?"

„Das weiß ich nicht, ich bin geflogen."

Die Putzfrauen wussten genau, wo sie nicht putzen, sondern in der Sonne liegen wollten. Vor 40 Jahren.

War's besser? Die 90-Jährigen bejahen das, weil sie vergessen haben, dass sie damals nach Hause fliegen mussten, wenn sie husteten. Heute praktiziert in jedem Kaff ein deutscher Arzt. Ähnliches erlebt man mit Schuhen und Pferden: In Palma können Damen in über 300 Geschäften einkaufen und gut 25 000 Pferde leben verteilt auf der Insel, das ist die größte Dichte in Europa. Dichter als vor 40 Jahren, da lagen die Esel vor ihnen.

Auf der roten Firestone-Karte von Mallorca sind bei Petra „Maurengräber" eingezeichnet. Man kann sich die Mühe schenken, sie zu suchen. Denn ich sah einen Bauern beim Pflügen, fragte ihn nach ihnen, er parkte seinen Traktor und gab mir folgende Antwort: Diese Gräber hätten seinen Großvater und Vater schon geärgert, denn immer hätte man darum herumpflügen müssen. Ja, am Anfang, da seien mal Archäologen da gewesen, aber seitdem habe sich kein Schwein für die Gräber interessiert, die ja auch nichts weiter gewesen wären als ein toter Haufen Steine, da habe er sie untergepflügt. Bisher habe sie keiner vermisst, und nun sei ihm richtig wohl, weil er nicht mehr darum herumpflügen müsse. Adios.

Auch das ist die Neuzeit: Weg, was keinen interessiert. Weg, was Mühe macht. Weg, was zu wenig Geld bringt. Deshalb kommen wir jetzt zu einem richtigen Problem: Vor 50 Jahren gab es 120 000 Bauern, heute sind es 4000 bis 5000. Die landwirtschaftliche Fläche schrumpfte allein von 1998 bis 2008 von 200 000 auf 100 000 Hektar. Noch 10 bis 20 Prozent der Lebensmittel stammen von der Insel. Nur Kartoffeln müssen nicht importiert werden.* Mallorca verliert sein Fundament. Warum passiert das? Weil Bauernarbeit Sklavenarbeit ist. Weil Kellner mehr verdienen als Campesinos. Weil Bauern mauern können und Maurer feste Arbeitszeiten haben, also trifft man die Bauern auf dem Bau.

Dazu kommt, dass sich die Einwohnerzahl verdreifacht hat und der Wasserverbrauch verzehnfacht, der Grundwasserspiegel absank und die Brunnen versalzt sind. Und dass sie die Mandeln in Kalifornien mit Hightech ernten und nicht mit Bambusstangen von den Bäumen schlagen. Das hat sich alles geändert, und vor allem die Touristenmenge ... – fast 30 Millionen Flugpassagiere und 15 Millionen sonstig Reisende werden heute gezählt. Das ergibt zeitweise ein Eingeborenen-Ausländer-Verhältnis von 1:30, rechnet man nur die rechten Mallorkiner von 1:50.

Und die Deutschen? 1950 kamen 229, so viele wie heute ein Charterflugzeug ausspuckt. 1965 waren es 196 000, 1987 schon 1,3 Millionen und ab 2006 ging's auf die 4 Millionen zu.

Meine Eltern erreichten ihr Ferienhäuschen immer per Auto und Schiff. Ließen sich jedes Jahr neu vom ADAC die Routenpläne schicken und wohnten ein Vierteljahrhundert in denselben Hotels an der Strecke, kauften in denselben Läden ein, besichtigten dieselben Attraktionen, picknickten auf denselben Lichtungen, merkten sich, wo sie Tankstellen gesehen hatten – denn viele gab es nicht –, bestiegen nach drei Tagen in Barcelona die Fähre und schipperten nach Mallorca. Fliegen? Nie. Sie fuhren einen uralten VW-Käfer, aber als Möbelwagen. Flugtechnisch gerechnet, schleppten sie etwa 150 Kilo Übergepäck

*In Harold Roses Reiseführer „Your Guide To Majorca" von 1965 fand ich allerdings folgenden Satz: „Vermeiden Sie gebratene Kartoffeln auch auf Mallorca, Spanier können mit ihnen nicht umgehen ..."

mit. Ich besitze die alten Routenpläne München-Mallorca des ADAC noch, es sind für mich die Papyrusrollen der mallorkinischen Tourismusgeschichte (1960–1985). Und sie fuhren immer noch mit dem Auto, als sie längst ein Ferienhaus auf Mallorca besaßen ...

Rund 29 000 Deutsche wohnen offiziell gemeldet ganzjährig auf Mallorca, bis zu 70 000 haben nach amtlichen Angaben Grundbesitz – es dürften aber über 150 000 sein. Die Balearen-Universität schätzt ihren Bevölkerungsanteil auf 18 Prozent, was bedeutet: fast jeder Fünfte! Aber das ist zu niedrig gegriffen. In 31 der 53 Gemeinden sind wir die größte Ausländergruppe, es gibt Orte, da sind wir jeder Dritte. Auch das ist neu. Das löst Panik aus. So kam die gepinselte Furcht an die Mauern: Nazis raus! Es gab jahrelang nur eine Gemeinde, in der kein einziger Deutscher wohnte: Escorca (das ist jetzt auch dort anders). Aber es lebt ein Landsmann auf der Insel, der sieben Millionen Quadratmeter hat; einer kaufte das komplette Dorf Biniagual, einer erwarb 35 Quadratkilometer, das ist mehr Grund als 17 der 53 Insel-Gemeinden besitzen.

Hunderte von Fachleuten aus Deutschland ziehen ambulant rum und bieten sich „schwarz“ an – Elektriker, Klempner, Maurer, Gärtner, Computertechniker und einer, der von Dorffest zu Dorffest zieht mit einer Gulaschkanone der ostdeutschen NVA und Suppe verkauft, meist an Eingeborene. Zu ihnen gesellen sich die ersten ganzjährigen Obdachlosen. Das deutsche Konsulat schätzt sie auf 80 bis 100. Das wirft die Frage auf, ob wir wirklich eine Gefahr darstellen. Jeder Achte ein Deutscher – das klingt nach Eroberung durch Umzug. Viele Mallorkiner sehen es so. Auch die, die in 40 Jahren an den Ausländern wohlhabend wurden, was sie natürlich nicht zugeben.

Die Bauern am Feldweg, an dem ich wohne, wurden nicht reich. Meiner Großmutter boten sie 1960 den Quadratmeter zu 80 Pfennig an, 40 Cent in der Neuzeitrechnung. Und weil andere Bauern auf den Verkäufer neidisch waren, und Oma keinen Streit im Sprengel haben wollte, kaufte sie auch ihnen den 80-Pfennig-Grund ab, wozu sie gar nicht das Geld hatte. Da zwang sie ihren Schwiegersohn, meinen Vater, seine Briefmarkensammlung zu versteigern. Worauf er kein Hobby mehr hatte, aber sie 21 000 Quadratmeter Mallorca für rund 20 000 Mark oder 10 000 Euro. Heute werden bis zu 2000 Euro pro Quadratmeter auf Mallorca gezahlt.

Die Bauern bestimmten damals den Rhythmus der Insel mit ihren Muli-Kutschen. Sie oben drauf mit Strohhut, unter dem Wagen der angeleinte Hund und ein Tonkrug mit Wasser, den die Verdunstungskälte kühl hielt. Zehn Kilometer schafften sie pro Stunde. Das genügte, denn fast alle Orte Mallorcas liegen zehn bis 13 Kilometer auseinander. Nie näher, nie weiter. Der Rhythmus hieß: Morgens Zuhause weg, auf den Markt im Nachbardorf, mittags zurück. So fahren sie auch Auto, die alten Herren, die umgestiegen sind von der Muli-Kutsche: 10 km/h – sie haben den alten Rhythmus im Blut. Na ja, zu 20 km/h lassen sie sich schon hinreißen! Aber Richtungsänderungen zeigen sie immer noch nicht an. So wie damals nicht auf der Kutsche, als es nicht notwendig war. Als ich meinen Freund Jaime deswegen mal beschimpfte (ich wär' ihm um ein Haar hinten rein gefahren), erwiderte er: „Warum soll ich Dir eine Information gratis geben?"

So sind sie, die Mallorkiner. Habgierige Spaßvögel. Unbeirrbar in ihrem Charakter. Ich mag sie.

Kurios: Naturschützer errechneten, dass jeder Besucher rund 30 Gramm Sand in Badehose, Bikini, Handtuch, Schuhen usw.

wegschleppt. Das heißt: Jedes Jahr kommen etwa 19 Tonnen Feingemahlenes abhanden. Die Strände verkrümeln sich. Mallorca muss Sand importieren. Darüber hätten sie gelacht vor 40 Jahren! Ich jetzt. Dabei ist die Pest von Mallorca der Wind aus der Sahara, der roten Sand nach Mallorca trägt. Flugsand. Aber der stockt leider nicht die Strände auf, sondern pudert die Berghänge. Ich fand ihn neulich trotz geschlossener Fensterläden und Fensterscheiben in meinem selbstverständlich geschlossenen Trockenrasierer. Wischt meine Frau Staub, ist der Putzlappen rot. Worauf sie sagt: „Der Wind war wieder da! Das gab's aber früher so nicht!" Kann das sein? Es muss so sein. Meine Eltern hatten keine Dünen-Ansätze auf der Terrasse. Da flog nichts aus der Sahara.

Die nächste Neuerung: In Gesamtspanien zählt man rund 16 sexuelle Übergriffe pro 100 000 Einwohnern/Jahr, auf Mallorca sind es etwa 30. Die 40 Jahre haben zu gesteigerter Libido geführt. Gelegenheit macht Triebe. Das kommt davon, wenn die Guardia Civil keine Nacktbader und Tanga-Girls mehr verhaftet wie vor 40 Jahren. Sie jagt lieber Kriminelle.

Ein dunkles Kapitel: Man sagt, jeder fünfte Deutsche auf der Insel werde von Staatsanwalt, Finanzamt, Familiengericht, Gerichtsvollzieher, Gläubigern oder Ehepartner gesucht. Vor 40 Jahren waren die Malle-Germanen sauberer. Dann kam Geld ins Spiel. Viel Geld. Schwarzgeld. Rund drei Milliarden Euro, so wird geschätzt, versickerten seit 1990 im Inselboden. Immer wenn eine Immobilie mit dem Zusatz „Preis auf Anfrage" angeboten wird, ahnen Insider, dass der Verkäufer zwei Buchhaltungen wünscht – 50 Prozent cash auf die Kralle, 50 Prozent per Banküberweisung. Preis halbiert wegen Finanzamt. Sieht man eine Rolle 500er-Scheine, floss Bares unversteuert. Man sieht relativ viele lila Rollen. Davon hat der Fiskus wenig, deshalb sitzen in

Mallorcas Finanzämtern längst auch deutsche Beamte und seit 1. Juli 2005 haben deutsche Steuerfahnder Zugriff auf die Konten der Insel-Banken. Da frage noch einer, was sich geändert hat ...

Die Strände sind nicht größer geworden, das Meer nicht sauberer, das Land nicht preiswerter, die Luft nicht reiner, die Sonne nicht wärmer, der Regen nicht seltener, die Flugzeugsitze nicht weiter, die Speisen nicht erschwinglicher, die Drinks nicht kühler, die Menschen nicht schöner. Aber Mallorca, das ist so schön wie eh und je. Warum? Die Frage ist wirklich neu, die hätte man vor 40 Jahren nicht gestellt ...

Aber ich sitze immer noch bei Sonnenuntergang auf dem Santueri bei Felanitx, dem Felsklotz mit einer der drei Königsburgen drauf (oder was von ihr übrig blieb). In meinem Ohr singt Tomeu Penya, der Bob Dylan von Mallorca, im Körbchen neben mir warten der Rotwein, den ich keltern lasse aus den Mantonegro-Trauben der Nachbarn, der gelbe Käse aus S'Horta und das Bauernbrot aus Manacor auf mich. Unter mir wehren sich Weißdisteln gegen mein Sitzen. Das Meer glitzert zwischen pünktchenhaften Fischerbooten und ein Milan betrachtet mich als Störenfried. Hinter mir sprechen die gotischen Mauerreste von König Sanc und um mich herum eine leichte Brise von der Nacht, die hinter dem Horizont aufzieht, wenn die Sonne – glutrot natürlich – vor meinen Augen dort versinkt, wo Spanien liegt. Ich bin im Himmel. Auf Erden. Auf Mallorca.

P. S.: Fast hätte ich vergessen, was sich dramatisch geändert hat seit Beginn des Massentourismus: der höchste Berg Mallorcas, der Puig Major, ist niedriger geworden. Weil die Amerikaner eine Plattform auf dem Gipfel brauchten, um ihre Spionageanlage zu installieren, sprengten sie fünf Meter Spitze weg. Deshalb misst der Puig Major nur noch 1445 Meter ...

FRAGEN, DIE JEDER STELLT

Weil ich seit meiner Jugend hier wohne, denken viele Leute, ich sei ein Einmann-Auskunftsbüro: Dauernd werde ich irgendwas gefragt, selbst im Flieger, und immer erwarten die Leute Geheimtipps von mir. Und was sind die 20 Fragen, die mir am häufigsten gestellt werden? Hier die 20 Antworten.

„De casar i de sembrar, ningu consells pot donar."

„Für's Heiraten und Säen kann niemand Ratschläge geben."

(Nachher ist man immer klüger.)

1. Gibt's noch etwas, das Mallorkiner für Touristen umsonst tun? Ja. Jeden Tag gibt der Kinderchor Els Blavets zwei Konzerte, die nichts kosten, im Kloster Lluc – das sind die Regensburger Domspatzen der Insel. Lluc liegt in den Bergen, man braucht also einen Leihwagen.

2. Warum ist die Kathedrale dauernd zu? Weil der Erzbischof Geld verdienen möchte. Denn eigentlich ist sie nicht zu, man muss nur ein Ticket fürs Diözesanmuseum nebenan lösen (ca. 5 Euro), dann kann man durchs Museum in die Kirche.

3. Was sind die schönsten Mitbringsel? Braunes Tongeschirr aus Portol. Das hält ewig, verträgt die Hitze von Herd und Backofen, kann in die Waschmaschine und Wein mundet Klasse aus dicken Bechern. Nach der c/. Trinitat fragen, da gibt es zwei Töpfereien: Ca'n Veni und Ca's Canonge. Tipp: Je heller und weiter der Ton klingt, wenn man gegen das Geschirr schnippst, desto besser ist es.

4. Wie heißt der Aussichtspunkt, an dem man sich vorkommt wie Gott persönlich? Hinter Artá führt eine Straße zum Kloster Betlem hoch, da oben ist es, als ob man Helikopter fliegt. Man sieht die Küste von Cala Rajada bis Formentor und das Meer bis Menorca.

5. Kann man einen Adelspalast besichtigen? Els Calderers an der Straße Palma-Manacor, links ab bei Kilometer 37. Da wandert man durch luxuriös eingerichtete Säle, kostet Wein aus uralten Fässern, sitzt im gepflegten Park und besichtigt einen Zoo, in dem Tiere leben, die es nur auf der Insel gibt. *(Siehe S. 196)*

6. Sollte man eine CD kaufen? Insel-Popstar Tomeu Penya hat gute CDs besungen, das Album „Aff un zo" von BAP lässt mallorkinische Untertöne erahnen, weil es hier entstand, und Hannelore Elsner liest „Ein Winter auf Mallorca" von George Sand, unterlegt mit Musik von Chopin.

7. Wo ist eine richtig urige Kneipe? Der „Celler Can Amer" in Inca. Hier kocht Antonia Cantallops, die Mutter der Insel-Küche. Wer ihr Spanferkel isst, hat bisher nicht gewusst, wie Schwein schmeckt.

8. Welches Fest darf man nicht verpassen? Schiffsprozessionen! Da schippern geschmückte Boote über das Meer und landen mit Madonnenfiguren und lautem Klimbim in den Häfen. Eine ist am 29. Juni in Alcudia, die nächste am 15. Juli in Cala Rajada.

9. Kann man einem berühmten Künstler im Atelier zuschauen? Ja, man sich langfristig anmeldet: Gustavo, der Maler, dessen fröhliche Bilder die Prominenz liebt, und der in vielen Museen hängt, öffnet ab und zu sein Atelier bei Capdepera. Da geht keiner raus, ohne etwas zu kaufen. Kontakt: turo@artgustavo.de

10. Kann man tolle Yachten ganz nah sehen? Ja, im Club de Mar in Palma, beim Leuchtturm Porto Pi. Reingehen, über die Molen wandern und da steht man direkt davor. Das kostet nichts – und man kann die berühmteste Privatyacht, die „Lady Moura" (58 m lang), sogar anfassen.

11. Lohnt sich eine Fahrt mit der Eisenbahn? Unbedingt, weil sie so langsam fährt und man wie in einer Loge sitzt. Die meisten fahren von Palma nach Sóller und dann weiter nach Port de Sóller mit der Straßenbahn – der letzten. Aber auch die Strecken Palma-Manacor und Palma-Sa Pobla lohnen sich, billig ist der Spaß auch noch (so um die 4 Euro).

12. Wo tobt das Leben, wo muss man mal gesessen haben? Auf der Terrasse der Bar Bosch rechts oben am Ende der Borne in Palma (mit dem Gesicht zum Platz!). Das ist Kino, hier ziehen sie alle vorbei.

13. Was sind die Worte in „Mallorquin", die man kennen sollte? Zwei. Wenn man die kann, gewinnt man Freunde, und beide sind nützlich: „Molve" (Akzent auf dem -e) heißt soviel wie „In Ordnung" oder „Gut so". Und „Tametäisch" (Akzent auf dem -ä-) bedeutet „Ist doch wurscht".

14. Gibt's ein Museum, für das man einen Strandtag opfern sollte? Ja, aber es ist schwer zu finden und weit weg: Das unterirdische Museum der Künstler Jakober & Vu auf der Halbinsel Aucanada im Norden. Hier zeigen sie ihre Sammlung alter Kinderporträts. Anmeldung: 971/549880.

15. Welche Höhle ist die netteste und nicht so überlaufen? Die in Campanet. Hier wird man nicht geführt wie eine Schafherde, sondern kann auch mal alleine durch die Säle wandern. Hier fühlen sich selbst Menschen wohl, die vor Enge und Dunkelheit Angst haben. Und alles, was andere Höhlen bieten, ist in Campanet ebenfalls zu sehen.

16. Existiert was Exklusives, das sich jeder leisten kann? Ja, Mittagessen im feinsten Hotel „La Reserva Rotana" bei Manacor. Da sitzt man in schattiger Laube oder hoch über dem Privatgolfplatz im Garten, erlebt die Welt der Superreichen und wird so nett behandelt wie ein Millionär.

17. Man hört so viel von Flohmärkten – muss man da hin? Ja, sonntags nach Consell. Da ist richtig was los, es ist schwarz vor Menschen und bis zu 500 Händler breiten Schätze aus: von alten Aschenbechern bis zu kostbaren Gemälden. Für ein paar Euro lassen sich da erstaunliche Dinge finden, man muss nur hart handeln.

18. Wo kann man sich die Nacht gepflegt um die Ohren schlagen? Vor allem wenn man zu zweit ist, existiert kaum Besseres als das „Abacanto" in Indioteria, einem Vorort von Palma: Ein antik möbliertes Adelspalais im riesigen Park, bunte Tauben flattern in Bäumen, aus denen Düsen Parfüm versprühen, man kann in Salons, auf Balkonen, in der Kapelle oder im Freien sitzen. Das „Abacanto" öffnet um 22.30 Uhr.

19. Wieso hat die Kirche Santa Clara in Palma einen Kirchturm, der eindeutig ein Minarett ist? Leider gibt es darauf keine Antwort, zumal auch dieses Gotteshaus auf den Grundmauern einer Synagoge errichtet wurde. Das Minarett bleibt ein Rätsel.

20. Wie viele Ausgaben von George Sand „Ein Winter auf Mallorca" gibt es? Nimmt man nur die gängigen und themenbezo-

genen Sprachen Spanisch, Katalan, Deutsch, Englisch und Französisch kommt man seit 1842 auf über 1000 – und jedes Jahr erscheinen weitere! Es ist eines der meistpublizierten Bücher der Welt, ganz zu schweigen von der Sekundärliteratur über diesen nur 98-tägigen Aufenthalt auf der Insel. Auf Deutsch, so schätze ich, dürften es rund 300 Editionen sein.

DIE DEUTSCHEN AUF „IHRER" INSEL

Ehe der erste Germane überhaupt daran dachte, Mallorca zu besuchen, waren Mallorkiner bereits zu Dutzenden in Deutschland: Als Steinschleuderer in Caesars X. Legion. Sie waren die Artillerie der Römer gegen die Germanen – vor etwa 2060 Jahren …

„Dos galls dins um galliner, no canten be."

„Zwei Gockel in einem Käfig singen nicht gut."

(Einer muss das Sagen haben.)

„Warste mal in Treverorum? Da trinken se Cerevisia aus Eimern …"

„Ach was, nichts ist dort los. Die trinken nur Vinum. Fusel terribilis! Aber in Castra Regina, da geht der cursus publicus ab, da gibt's die blondesten Germanen-Feminae! Die sind ganz verrückt nach uns."

„Ja, aber carus! Ich war nach drei Tagen bankrottus. Das kriegst Du in Colonia alles für die Hälfte. Ich kenne da eine Taverna exzessiva unten am Rhenus: Balnearium VI. Da saufen sie bis zum Exitus. Ich hoffe, Caesar zieht da bald wieder hin. Dann machen wir einen drauf, amicus!"

So könnten sie geredet haben, die Mallorkiner in Germanien. Auch bei der Schlacht im Teutoburger Wald, 9 n. Chr., kämpften sie mit und wurden von Hermann dem Cherusker ebenso geschlagen wie ihre Dienstherren. Die Steinschleuderer waren als „Militär-Touristen“ da und es war der Beginn einer langen Freundschaft, auch wenn unseren Gere schwingenden Vorfahren die mallorkinischen Geschosse nur so um die Ohren flogen.

Es dauerte allerdings etwa 1850 Jahre bis die ersten Deutschen den Besuch erwidern konnten: Zwei Lebedamen namens Christiania und Sofia, die mit dem napoleonischen Heer durch Europa zogen, wurden 1809 in Südspanien gefangen genommen und verbrachten mehrere Jahre auf der Mallorca vorgelagerten Insel Cabrera. Nicht ganz freiwillig, aber als erste verbürgte Residenten.

Und was ist seitdem aus der deutsch-mallorkinischen Freundschaft geworden? Viel, ungeheuer viel ...

Man muss sich das so vorstellen: 120 000 Deutsche besitzen eine Immobilie auf Mallorca. Setzt man das in Relation, müssten zehn Millionen Mallorkiner Immobilien in Deutschland haben. Wenn’s so wäre, wir würden genauso laut schreien wie einige Mallorkiner und an die Hauswände schreiben: „Steinschleuderer raus!“ So schreiben sie halt „Nazis raus!“.

Da wird immer wieder Integration gefordert. Es ist das Lieblingswort der Berufseuropäer und anderer Gutmenschen. Die Deutschen sollen sich auf der Insel nicht aufspielen wie die Kolonialherren und die Mallorkiner nicht abkapseln wie der Hochadel. Aber Integration ist der Todfeind des Überlebens. Wer integriert wird, der verschwindet. Die Mallorkiner, seit 5000 Jahren besetzt von fremden Völkerscharen, wissen das. Sie konnten Römer, Vandalen, Byzantiner, Mauren, Missionare, Festlandspanier und Touristen nur überleben, indem sie nach außen Mimikry betrieben, aber in die innere Emigration gingen und eigene

Sprache, Charakter, Kultur, Physiognomie (nein, groß sind sie wirklich nicht), Abkapselungsmethoden und eine ausgefeilte Korruption entwickelten.

Wie mein Nachbar Jaume, ein glücklicher Analphabet, immer zu mir sagt, wenn wir seine Schafe hüten: „Du musst nicht alles wissen, Deine Familie lebt erst seit einem halben Jahrhundert hier."

Wenn ich später auf seiner Finca bei einem Gläschen Selbstgebranntem (aus Johannisbrotschoten, 80 Prozent) sage, um ihn zu ärgern, „Hihi, ich weiß aber, wer Peñafort ist!", dann raunt Jaume auf Mallorquin zu seiner Frau Xiska: „Siehst Du, man kann nicht vorsichtig genug sein!"

Peñafort ist mein Lieblingsmallorkiner. Ein Mönch, der sich 1232 ins Meer stürzte, einen Arm hob und mit seiner Kutte als Segel und seinem Körper als Boot nach Barcelona schipperte. In Port de Sóller steht sein Denkmal.

Zur Abkapselung gehört auch, dass es zwei Währungssysteme gibt: für Eingeborene und für Ausländer. Wie früher in der DDR und in Rotchina, und das ist gut so. Natürlich nicht im Supermarkt, aber bei Tante Emma, bei Baumeistern, Immobiliers und sonstigen Dienstleistern. Geschafft hat man's auf Mallorca, wenn man nur noch einheimische Preise zahlen muss. Dann kostet ein 7 x 4 Meter messender Swimmingpool, grob gerechnet, nur 12 000 statt 24 000 Euro. Oder ein 3000 Quadratmeter großes Stück Land nur 5000 statt 50 000 Euro. Die Preisspannen können enorm sein.

Mallorkiner haben Dutzende von Methoden, den „Caps Quadrats" (so heißen wir: Quadratschädel) das Leben zur Hölle zu machen, EU hin oder her. Sie verkaufen zum Beispiel Land und behalten das „Wegerecht", so dass man nicht zu seinem Haus kommt. Sie kontrollieren das Wasser und benimmt man sich schlecht, fließt nichts mehr aus der Leitung. Sie behalten Land, obwohl sie es verkauft haben, weil das Katasteramt der Gemeinden sehr selten mit dem Grundbuchamt vernetzt ist, und so steht man zwar im Grundbuch, aber für die Gemeinden ist das Land nicht verkauft, also kann man nichts damit anfangen, weil man keine Genehmigung hat. Aber der Neffe des Katasterbeamten, der informiert ist, macht schnell mal ein Schnäppchen mit dem fremden Grund. Und sie kontrollieren die dringend gebrauchten Handwerker, was zur Folge hatte, dass die Deutschen sich der Deutschen bedienen, die über die Insel ziehen wie früher die Scherenschleifer bei uns. So wehren sich die Neu- gegen die Alt-Mallorkiner, die Alt- gegen die Neu-Mallorkiner.

Die mangelnde Integration hat zu Parallelwelten geführt: Deutsche und Mallorkiner begegnen sich kaum. Es gibt ja auch nur noch rund 300 000 reinrassige Insulaner. Der Barmann, den die Deutschen kennen, stammt aus Andalusien, der Kellner aus der Estremadura, der Gärtner aus Ecuador, die Verkäuferin im Supermarkt aus Katalonien. Natürlich geben sie sich alle als Mallorkiner aus, aber mehr als die zwei Zauberworte Mallorquin können sie selten: „Molve“ und „Tanmetäisch“. Und vielleicht hört man noch „Me'n fot“ – „Ist mir doch scheißegal.“

Mehr braucht man kaum auf Mallorca im Umgang mit Ausländern. Ist man integriert wie Entertainer Peter Maffay oder Schriftstellerin Brigitte Blobel, kommen zwei Worte hinzu: „No te preocupis“ – „Mach Dir keine Sorgen“. Hört man das, hat man's geschafft. Aber das dauert zwischen zehn und 20 Jahre.

So lange braucht man auch, bis man die Korruption begreift, die subtilste Form der Abkapselung. Man kennt einen, der kennt einen, der ist wichtig, und so können Scheinchen wandern – nie direkt, immer um die Ecke. Kennt man keinen, der einen kennt, funktioniert die Bestechung nicht.

Die Deutschen wissen von diesen Abkapselungs- und Überlebenskünsten, haben Angst, und deshalb klüngeln sie. Nur so ist zu erklären, warum zu einem gewissen Zeitpunkt in der winzigen Cala Llamp, eng bei eng, die Sänger Heino und Eric Silvester, die TV-Moderatoren Jürgen von der Lippe und Max Schautzer und Sabine Christiansen wohnten. Um nur einige zu nennen. Die Deutschen bilden Wagenburgen wie einst im Wilden Westen die Siedler gegen die Indianer. Motto: Gemeinsam sind wir stark. Das ist auch der Grund, warum Urbanisationen, angelegt wie Legebatterien, nicht aus der Mode kommen. Selbst wenn eine solche Reihenhütte 400 000 Euro kostet.

Nun ist die Frage, ob wir wirklich eine Gefahr darstellen. Jeder Achte ein Deutscher – das klingt maßlos, aber 1880 war die Gefahr viel größer. Da suchte die königliche bayerische Regierung ein Exil für den gemütskranken Märchenkönig Ludwig II. und Spanien war bereit, Mallorca für nur 50 000 Goldmark zu verkaufen. Das war den Bayern dennoch zu teuer, sonst wäre die Insel deutsch geworden. Einen ähnlichen Vorstoß unternahm der CSU-Bundestagsabgeordnete Dionys Jobst 1993, als er vorschlug, Mallorca zum 17. Bundesland zu machen.

Nun aber mal „Molve"! Nur rund 20 Prozent der Insel, das stellte die Balearen-Universität in Palma fest, sind besiedelt. Etwa eine Million Menschen könnten noch kommen, ohne dass es Charakter und die Infrastruktur zerreißt. Sie müssten nur legal kommen und daran hapert's. Spanien ist das EU-Land, in dem die meisten 500er im Umlauf sind, und von denen sieht man die meisten auf Mallorca. Sieht man einen Immobilienpreis, kann man davon ausgehen, dass er nicht stimmt. Möchte man zahlen, muss man ein volles Köfferchen dabei haben.

Daher sind Russen so beliebt, die nach Mallorca drängen wie Süchtige zum Dope mit ihren Millionen. Zwischen ihnen und den Maklern ist der Banktransfer so gut wie unbekannt. Über 30 000 Russen werden es mittlerweile sein auf der Insel, immerhin waren Anfang 2008 rund 1200 amtlich als Residenten gemeldet, in den Kiosken liegen die ersten Insel-Zeitungen auf Kyrillisch. Immobilien haben seit 2004 das magische Limit gebrochen – es werden 20 Millionen Euro und mehr für Villen gezahlt. Der Fleischhändler aus Nowosibirsk, der Claudia Schiffers Villa samt einer halben Halbinsel für 11 Millionen Euro bekam, gilt als Schnäppchenjäger. Da gratuliere ich nachträglich meinen Großeltern, die Ende der 50er-Jahre 90 000 Quadratmeter für je 40 Cent (nach heutiger Währung) kaufen konnten ...

Die wahren Probleme der Deutschen auf Mallorca sind das vernünftige mediterrane Essen (viel Öl, Fisch und Gemüse) und das herrliche Klima (2983,4 Sonnenstunden per annum, klar unterscheidbare Jahreszeiten und Salz in der Luft). Aus ihnen ergibt sich fabelhafte Gesundheit, aus ihr unerwartet langes Leben, daraus quälende Langeweile – und die paart sich mit unerwarteter Erotik. Es gibt eine Menge Menschen, vor allem die Be-troffenen, die heftig darüber nachdenken, warum die gereatrische Libido hier so überwältigend funktioniert. Die Esoteriker liefern die plausibelste Erklärung: Mallorca sei eines der Energiezentren des Globus, hier lasse die große Erdmutter Gaia Vibrationen und Strahlungen vom Zaum, dazu die durch Hitze bedingte mangelnde Kleidung – und schon wird Oma angriffslustig. Coito ergo sum. Das führt zu enormen Verwicklungen in Urbanisationen und auf Fincas. Oft wechseln Paarungen von

Party zu Party. Anwalt Hans von Rotenhan, einer der weisesten Emigranten, sieht das so: „Man wird auf Mallorca wurzellos, es brechen alle Bande frommer Scheu und man ist eher geneigt, dunklen Trieben nachzugeben."

Natürlich spielt dabei auch Alkohol eine Rolle. Das Promille-Limit liegt auf den Straßen bei 0,2, in den Villen beginnt es meist ab 1,5. Um das zu kaschieren, bedienten sich die Herrschaften schnell zweier Tricks. Es begann mit blickdichten Flaschenkühlern, spaßhaft „Henkelmann" genannt, in denen sie ihren Wein transportierten, ohne dass ersichtlich wurde, wie schnell wie viel vom Inhalt fehlte. Nun konnte man die getrunkene Menge aber immer noch am rapide sinkenden Pegel in den Gläsern bemessen, worauf diese durch Tonbecher ersetzt wurden, was der Sauferei einen ethnisch rustikalen Charme verlieh.

Wohl den vielen, die plötzlich noch oder wieder und trotz des Promillepegels in der Lage sind, Oma Begehrlichkeit zu signalisieren. Die wenigen Anderen beten „Herr, du hast mir das Können genommen, nun nimm meiner Frau das Wollen" und wenden sich Dingen zu, von denen sie nichts ahnten, bevor sie auf die Insel kamen. Der Autor Thomas Fitzner, seit Jahren auf Mallorca, meint: „Es gibt zirka 700 Hobby-Poeten, 8500 Hobby-Maler und 16 000 Hobby-Fotografen." Ich füge hinzu: Und 2000 Menschen, die sich rührend um ausgesetzte, streunende oder sonstwie arme Hunde kümmern. Auch gegen Geld. Der Rest der Ausgewanderten pflegt seine Libido.

Nun haben die Ausländer die Erotik nicht importiert. Mallorkiner selbst pflegen sie mit Begeisterung. Das beginnt bereits beim Zuprosten, wenn sie den traditionellen spanischen Toast abwandeln zu: „Salud i Euros i una nina con buenas tetas." Was soviel heißt wie: „Gesundheit, Geld und eine Tochter mit dicken

Titten." Das harte Wort darf man verwenden, der Sprachstamm ist derselbe – tetas = Titten. Man ersieht daraus, wie's im Unterbewusstsein gärt, denn wo sonst würde man so einen Trinkspruch ausbringen?

Da ist schon was dran an der Theorie von der vibrierenden, strahlenden Erdmutter Gaia. So kam Ende Mai 2005 der fünfjährige Esel „Chupito" aus Arta gerade recht. Der hatte versucht, eine deutsche Urlauberin zu vergewaltigen, und Mallorkiner verstanden das als Ausdruck allgemeiner insularer Potenz. Seitdem tragen Hunderte von Autos einen Esel-Sticker neben dem Rücklicht, „Chupito" wurde zum Wappentier mallorkinischer Männlichkeit.

So nah an Zuhause, so fern in der Fremde. Gerührt nimmt man zur Kenntnis, dass der Feinkostladen Comale in Porreres sogar Erbswurst anbietet, jenes grüne Suppenbrikett, das man gemeinhin für ausgestorben hielt. Es gibt rund 40 Klubs, die sich deutscher Nostalgie widmen, darunter sogar einen Karnevalsverein mit Prinzenpaar. Verzweifelt versucht man, Heimweh mit nationaler Geselligkeit zu bekämpfen, und da der Altersdurchschnitt der Mallorca-Deutschen flott die 60 überschritten hat, werden Künstler der Margot-Eskens- und Bill-Ramsey-Klasse zu Auftritten geholt und bejubelt. Und wer introvertiert ist und das Spanische verweigert, sehnt die Heimat testamentarisch herbei. Wie jener hessische Rentner, der im August 2005 letztwillig verfügte, auf seinem Heimatfriedhof im Taunus begraben zu werden, „damit ich wieder mal mit Leuten reden kann". Da darf man trotz Sonne, Sand und Strand eine menschliche Tragödie vermuten. Die 2007 tatsächlich in Cala Murada geschah: Eine deutsche Rentnerin starb so verlassen in ihrem Haus, dass sie erst drei Monate später gefunden wurde, und auch das mehr durch Zufall. Es hatte sie keiner vermisst, nicht mal die eigenen Kinder und Enkel. Das war auch bei einer Schweizerin, 65, der Fall, die in ihrer Wohnung in Portals Nous erst nach neun Monaten tot entdeckt wurde ...

Im Winter suchte eine ältere Deutsche dem Trauma zu entkommen und gab im „Mallorca Magazin" eine winzige dreizeilige Anzeige auf (sie musste wohl sehr billig sein), in der sie sich so anbot:

Leihoma sucht neues Betätigungsfeld.

Kind, Hund, Katze, Haus, Opa ect.

Eine seltsame Reihenfolge: Der Opa kommt zum Schluss und fällt bereits unter Ecetera. Und was bedeutet „neues" Betätigungsfeld? Was passierte mit dem „alten"? Wieder trägt die Phantasie des Lesers Trauer.

Man muss mindestens 40 sein, um Mallorca zu würdigen. Jüngere weichen nach Ibiza aus. Deshalb sind gerade jetzt ständig rund 2500 Häuser im Angebot. Weil die Kinder und Enkel sich weigern, den Großeltern in ihr Paradies zu folgen, weil es für sie keins ist. Das sind jene, die Anfang der 60er-Jahre mit der großen deutschen Welle kamen und nun unter der Erde wohnen.

Aber es gibt doch den Ballermann! Kenn' ich nicht. Kennt keiner, der auf der Insel wohnt. Das ist Sache der Sauftouristen, der TV-Magazine und der Müllabfuhr. Zwei Tonnen Basura fallen da jede Nacht an – in Worten: zwei Tonnen. Es ist die brutalste Form der Mülltrennung auf Mallorca, auch menschlich ...

Aber sonst? Eine herrliche Insel und ich bin für jeden dankbar, der nicht hierher kommt oder wieder verschwindet.

P. S.: Jeder, der sehenden Auges und mit offenem Ohr auf der Insel lebt, wird nachdenklich bei einem seltsamen Phänomen:

Da sitzen die alten Deutschen beieinander und tun nichts anderes, als sich zu erinnern – wie es damals im alten Zuhause war. Und wenn sie dort wieder angekommen sind, erinnern sie sich, mit welchen Träumen sie einst nach Mallorca umgezogen waren, und wie diese Träume kaputtgegangen waren oder sich nie realisiert hatten. Aber mit der Erinnerung an die heile Welt ihrer Vorstellung vergessen sie die von ihnen beschimpfte Realität und fühlen sich ganz komfortabel ...

ES WAR SO SCHÖN DAMALS

Es war die Zeit, als Mallorca exklusive Destination war, Fliegen ein Ereignis und Ehepaare in Hut und Mantel landeten auf dem alten Flughafen von Son Sant Juan. Dann machten sie mit ihrer „Agfa-Klack“ kleine quadratische Urlaubsfotos mit gezacktem Rand, und wenn sie Postkarten kauften, die sie zu den Aufnahmen ins Album klebten, stammten sie meist aus den 40er-Jahren, einige sogar aus den 30-ern. So wie die Touristen ...

„S'eradda des metge cobreix sa terra.“

„Der Fehler des Arztes wird von der Erde bedeckt.“

(Wo keine Schuld, ist auch kein Kläger.)

So ein Album, gewebt aus gelbem Stroh, gebunden in braunes Leder, habe ich auf Ebay ersteigert für 36 Euro. Ein Enkel hat den Mallorca-Urlaub seiner Großeltern verkauft: 139 Fotos und 36 Postkarten. Fremde Menschen, aber ein Dokument aus der Frühzeit des Tourismus. Als Port d'Andratx, so zeigt es eine Postkarte, noch aussah wie damals, als Piraten landeten, und dort ein Hotel am Meer stand, das „Brismar“ hieß, das es – total umgebaut – heute noch gibt und das drei Sternchen hat. Die Fischer trugen Strohhüte, knielange Caprihosen und Hem-den, die zugebunden, nicht zugeknöpft wurden, ihre Frauen sammelten Muscheln am Strand und trugen dabei Kleider. Überall wurden Boote gebaut und in den Buchten ankerten Dreimaster.

Aus den Muscheln formten sie wunderbare, bunte Sträuße, oft einen halben Meter hoch, die wie Blumenbuketts aussahen. Sie waren traditionelle Geschenke zur Hochzeit und standen unter einem Glassturz. In vielen Häusern und einigen wenigen Läden mit Kunsthandwerk sieht man sie noch, aber gefertigt werden sie nicht mehr.

Wo ist das alles geblieben? In diesem Fotoalbum, dem Friedhof der Nostalgie. Denn es gab noch keine Villen am Meer, nur schmucklose Ferienhäuschen der reichen Städter, die aus Legosteinen gebaut zu sein scheinen. Kaum ein Auto ist zu sehen, man fuhr Eselskarren und Fahrrad. Der Wind war die Elektrizität der Bauern und am Ufer drängten sich dicht an dicht Bäume, die vom Wind zu Bögen gebürstet waren und noch auf Zukunft hofften. Unter ihnen saß die Touri-Oma, im geblümten Kleid oder im Badeanzug von anno dunnemal, einen Picknickkorb neben sich.

Die Fotos sind nicht beschriftet, nur die Postkarten. Aber man erkennt, was sich in über 50 Jahren getan hat. San Telmo zum Beispiel von oben fotografiert mit den Inseln Pantaleu und Dragonera. Da ist nichts – kein Haus, keine Straße, nur reine Natur. Genauso in Illetes: Reinste Einsamkeit, ein Alptraum für Immobilienhändler, ein Paradies. Kurios: In Valldemossa fotografierte Opa eine Brücke und unter ihr fließt ein Bach. Wo ist das Wasser heute? Einmal hat Opa aus der Klause von George Sand und Frédéric Chopin fotografiert – und am Horizont sieht man das Meer. Da kann man die Frage wiederholen: Wo ist das Wasser geblieben?

Dann waren die Großeltern in Palma: Kathedrale? Fast am Meer, inmitten eines Waldes, den Paseo Maritimo gab's noch nicht, der wurde ab 1940 begonnen und die Arbeiten zogen sich viele Jahre hin. Die Straße, über die sich der Arabische Bogen in der Altstadt wölbt, hat in der Mitte eine Rinne, in der Abwasser fließt. Zigeunerinnen mit Babys auf dem Arm betteln. Die berühmten drei Windmühlen, eine noch mit Gitterrad, stehen einsam auf ihrem Felsen, drumherum ducken sich nur ein paar Bunker. Die Lonja ist vor lauter Palmen kaum zu sehen. Nicht ein einziges Auto fährt in der Ciutat, nur einmal parkt ein uralter Magirus-Deutz-Bus am Straßenrand – ein Cabrio!

Das Album zeigt die Banalität, wie die Zeit vergeht. Dass es romantischer war, als 50 000 Touristen pro Jahr als Boom empfunden wurden. Dass die Insel arm war und Armut immer Charme hat, wenn man sie als Besucher erlebt. Dass ein einsamer, unverbauter Strand schön ist, aber armselig wirkt auf Touristen, die versorgt werden wollen, und in diesem Wort liegt sein Geheimnis: arm, aber selig. Damals waren die Patios der Stadtpaläste noch offen, weil ihre Besitzer die Neugier der Fremden nicht kannten. Erst als die Masse kam, verschlossen sie ihre Höfe. Die Straßen auf dem Land? Meist nicht asphaltiert, die Hufe der Esel klapperten nicht, Motorgeräusche waren selten wie Donner.

Die alten Fotos sind wie Stimmen aus dem Gestern: Man sieht nicht nur, man hört, wie's war. Das Album ist ein Erzählband mit CD, und man begreift: Wer das Einst nicht kennt, ist vom Jetzt getrennt. Mallorca ist nie Momentaufnahme, es ist eine jahrtausendealte Folge von Bildern. Oma und Opa haben ihren Teil beigesteuert mit diesem Mini-Museu de Mallorca.

Für 36 Euro war es wirklich nicht zu teuer ...

SIE KOMMEN UM HALB FÜNF

Sie sind die Pest, dazu dreist, es gibt sie je nach Jahreszeit und wär's nicht so traurig für die Geplünderten – man könnte Spaß haben an einigen Tatorten. Aber wer sind die Einbrecher eigentlich?

„Deus mos dona bones mans, pero no mos fa sa feina en es camp."

„Gott gibt uns zwei gesunde Hände, aber er erledigt nicht die Arbeit auf dem Feld für uns."

(Es liegt an einem selbst …)

Es ist ein geheimnisumwitterter Berufsstand, um den verängstigte Ausländer Legenden gewoben haben. Da heißt es zum Bespiel, im Sommer zögen organisierte Banden aus Rumänien oder dem alten Jugoslawien über die Insel, die auch Kinder bei den Einbrüchen einsetzten – weil sie nicht strafmündig sind und durch kleine Spalten kriechen können. Die Wahrheit sieht anders aus, wie ich aus eigener Erfahrung berichten kann: Die Einbrecher, die mein Haus knackten, waren Saisonarbeiter aus Andalusien, die sich ihren kargen Lohn aufbessern wollten, sie wurden aber von meinen Nachbarn überrascht, gejagt und flohen über die

Felder. Wobei sie Kleidung und Wäsche wegwarfen, ein Jagdgewehr und eine babygroße Madonna behielten. Letztere war, der Muttergottes sei gedankt, eine Kopie.

In einem anderen Fall hatten drogensüchtige deutsche Jugendliche, die Geld benötigten und sich obdachlos herumtrieben, einsame und gerade unbewohnte Villen aufgebrochen. Wobei der Schaden durch Vandalismus größer war als der durch Diebstahl.

Besonders dreist ging ein Einbrecher in Escarritxo vor: Er zog einen „Blaumann" an, hängte sich eine Werkzeugtasche um und drang in ein Haus mit Angestellten und Gästen ein. Da niemand sicher war, ob der „Handwerker" nicht von irgendjemandem bestellt worden war, räumte er in aller Seelenruhe die Handtaschen der Damen aus, holte Wertsachen aus Schubladen und verschwand grüßend (!) auf Nimmerwiedersehen ...

Im Mai 2002 wurde eine vierköpfige Bande in Santa Ponça gefasst, die planmäßig Villen aufbrach und ausraubte. Dabei handelte es sich um Berufsganoven, und zwar einen Deutschen, einen Türken und zwei spanische Gehilfen.

Im Sommer 2005 flog eine Bande in Camp de Mar auf, die reihenweise Villen, Wohnungen und Hotelzimmer ausgeraubt hatten – es waren ein Libanese, ein Brite, eine Kolumbianerin und mehrere Spanier.

Fazit: 90 Prozent der Täter sind Gelegenheitsdiebe, 10 Prozent Profis und die Mehrheit Festlandspanier.

Ein sehr spezielles Täterprofil hat der legendäre Krimiautor Hansjörg Martin in seinem Buch „Zwölf Monate Mallorca" gegeben: „Die Köche, Kellner und anderen Saisonarbeiter, die vom Festland für fünf, sechs Monate auf Mallorca waren, um Moneten zu machen, verlassen die Insel im Oktober. Einige fahren nicht weg, ohne zuvor noch diese oder jene wohlhabend aussehende

Behausung aufzubrechen und nach Beute zu durchsuchen ... oder auf sonst wie illegale Weise den Sommerverdienst noch ein bisschen aufzubessern ... weil der Abflug oder die Abreise per Schiff ideal sind, um Spuren zu verwischen."

Auch Guy de Forestier hat in seinem amüsanten Buch „Geliebte Mallorquiner" eine Einbrecher-Episode geschildert: Er saß am Schreibtisch seines Hauses in Portocolom, seine Frau verabschiedete sich, um einkaufen zu gehen, nach etwa 30 Minuten ging die Tür wieder, Forestier rief „Hallo, Liebling", bekam keine Antwort, wunderte sich ein bisschen, schrieb aber weiter. Wieder eine halbe Stunde später ging die Tür erneut auf, seine vom Einkaufen zurückkehrende Frau rief: „Hallo, Liebling!", da wunderte sich Forestier erneut. Sie durchsuchten das Haus und entdeckten, dass es ausgeraubt war. Denn es war ein nervenstarker Einbrecher gewesen, den Forestier beim ersten Türklappern gehört hatte. Nervenstark, aber dämlich: Der Einbrecher fuhr mit der Beute, vor allem Schmuck, in den Nachbarort Felanitx und bot sie einem Juwelier an. Der erkannte die bei ihm gekauften Pretiosen und rief die Polizei. Schmuck wieder da, Einbrecher hinter Gittern.

Nervenstark, aber dennoch dreist: Im Juni 2005 stiegen Einbrecher in Port d'Andratx nachts durch das offene Fenster des Zimmers, in dem Jacques Stern, Präsident der jüdischen Gemeinde, und seine Frau Marijke schliefen, schlichen zum Nachttisch, klauten Schmuck und Uhren, nahmen das Geld aus den Portemonnaies und verschwanden geräuschlos und deshalb bis zum Morgen unentdeckt.

Das Folgende passierte im Sommer 2008 einer Schweizer Gruppe und ist an Frechheit nur durch legendäre Beispiele aus der Literatur zu überbieten: Die Eidgenossen hatte gerade ein Ferienhaus bezogen und saßen entspannt auf der Terrasse, als

Diebe durch die Haustür eindrangen, die das beobachtet haben müssen, und mitnahmen, was Wert hatte. Noch bevor die Schweizer die Polizei rufen konnten, klingelte das Telefon und jemand erkundigte sich, was alles gestohlen worden war. Offenbar war es einer der Einbrecher, der seinen Komplizen misstraute! Jetzt wird gerätselt: Woher kannte er die Nummer der Finca?

Ich erlebte im Sommer 2010 folgendes: Es war ein sonniger Tag, Ende Juli, 17.15 Uhr. Eine Schotterstraße in die Berge zwischen Felanitx und Manacor. Eine Sackgasse. 16 Häuser, Mallorkiner und Ausländer, Bauern und Freizeitler. Hunde bellten, Schafe bimmelten, man nahm den ersten „Sundowner" auf der Terrasse, erntete Gemüse, sprang in die Pools. Da passierte es ...

Ein fremdes Auto, verstaubter Peugeot. Zwei Mann, die nicht zu uns gehörten, fuhren bis zum Ende der Sackgasse, wendeten in Talrichtung, verschwanden seitlich in der mannshohen Macchia und hinauf zum letzten Haus: von der Hauptstraße im Tal klar zu sehen, Persianas zu, kein Auto davor, die Hamburger Besitzer urlaubten an der Ostsee.

Aber genau da, wo der Peugeot der Diebe geparkt war, hing ein Riesenschild: „Trablisa – Achtung, Alarm!" Sahen sie es nicht, störte es sie nicht? Eines von beiden.

Die Nachbarin, auch Deutsche, schaute sich den Wagen an, notierte das Kennzeichen. Da schrillte der Alarm. Einbruch! Die Männer, Baseballmützen tief im Gesicht, also nicht zu erkennen, und nackte Oberkörper, um Zeugenaussagen zu erschweren, hetzten durch die Macchia, sprangen ins Auto, rasten den Camino hinunter. Die Deutsche hätten sie überfahren, wenn sie sich nicht (samt Hund) an eine Mauer geworfen hätte. Weg waren sie.

In zehn Minuten war die Polizei da: Ortspolizist und zwei Mann von der Küstenpolizei Manacor. Stiegen zum Haus hoch und entdeckten: Metall-Persiana angesägt, aus den Angeln gehoben, vier Leisten eines Fensterrahmens rausgestemmt, Scheibe im Stück entfernt, reingegriffen – Alarm! Vor Schreck geflüchtet und Werkzeug dagelassen: Säge, Zange, Hammer, Bohrer, Stemmeisen. Es war 17.40 Uhr.

Wie sie 24 Stunden abtauchen konnten, obwohl ihre Matricula bekannt war, ist ein Rätsel. Sie mussten bereits eine andere Villa in der Nähe geknackt und als „Hauptquartier“ benutzt haben. Dann ließ Habgier sie einen Fehler begehen: Sie brachen in eine alarmlose Villa ein, deren Besitzerin gerade nach München geflogen war. Keine 1000 Meter von der Alarm-Villa entfernt. Wieder kamen sie gegen 17 Uhr, wieder passten Nachbarn auf. Aber sie fühlten sich zu sicher: In der Nähe ist eine Bar, da setzten sie sich auf die Terrasse und tranken Bier. Etwa um 18 Uhr.

Inzwischen kannten alle im Umkreis das Kennzeichen. Die Wirtin rief an und die Polizei war schneller da als die Rechnung: Zwei Bulgaren. Arbeitslose Maurer, Krise und Sommerferien hatte sie die Jobs gekostet. Sie kannten die Gegend und die Villen, da ein mallorkinischer Bauunternehmer sie hier eingesetzt hatte.

Ortskenntnis, kriminelle Energie und Fachwissen – ideale Voraussetzungen. Aber gegen gewitzte Nachbarn reicht das nicht. Und gegen Polizisten, die binnen Minuten da sind ...

SUCHE DICKE FRAU ...

Ich behaupte, an keinem Fleck der Erde bieten Menschen in Zeitungsanzeigen seltsamere Dienste an und erbitten skurrilere Hilfe. Belege aus deutschen Insel-Zeitungen, 21. Jahrhundert.

„Sa malicia es com se llet, que en bullir, vessa."

„Bosheit ist wie Milch: Wenn sie kocht, läuft sie über."
(Man kann gar nicht genug auf der Hut sein!)

Schneeketten, geeignet f. viele Modelle,
35 Euro, von Privat, Porto Petro
(Schneeketten an der Ostküste Mallorcas?)

ARTACTIVA massaje Therapeutin,
biettest erostiche Taomassajen.
Schenken sie sich eine Stunde,
wollere endchpanung in einere
angenchmere orientalische
athmosfere. Auch für Paare
(Genau so stand die Anzeige in der Zeitung!)

Nachtkeltisches Jahreskreisfest
Chakrareinigung 19 Uhr, 50 Euro
incl. Verpflegung
(...auf nüchternen Magen hält man das auch nicht aus!)

Werdender Papa braucht Arbeit.
Gelernter Dachdecker, grüner Daumen ...
(Was hat das mit seinem Baby zu tun?)

Weihnachten war ich allein,
für dieses Jahr möchte ich das ändern.
Bin weiblich, liebe gutes Essen
(Na, da wird doch wohl einer einen Teller mehr auf den Tisch gestellt haben ...)

Jacke, Unikat, aus Winterhaaren von
Chow-Chows gestrickt, sehr weich,
Gr. 40–42, 70 Euro
(Hoffentlich laufen die Hunde jetzt nicht nackt rum!)

Tierfreundliche Familie sucht neuen
Hausbewohner/in, Meerschweinchen
oder Landschildkröte
(Ach so, wir dachten schon, es sollte ein Mensch sein ...)

QUATSCH Dich mal richtig aus bei Brigitte
– Ängste, Nöte, Sorgen. Vielleicht kann ich
helfen, natürlich nicht so ganz ohne ...
(Die Quatscherin will kassieren!)

Suchen für unsere pflegebedürftige Oma
ein staatliches Pflegeheim
(Vielleicht sollte die Familie die Anzeige nochmal auf Spanisch aufgeben ...)

**HEUTE BIN ICH AUFGEWACHT
UM UNTREU ZU SEIN,
jung, 1,67 cm, 53 kg, göttlich.
Nur zur Verfügung am 19. April
(Da war wohl der Ehemann am Vorabend nach Deutschland geflogen ...)

Dachrinne gebraucht, 1 Jahr alt,
ca. 48 Meter und 12 Meter Fallrohr,
Farbe beigesand incl. Dachhalterungen
Festpreis 165 Euro
(Kann man ja immer mal gebrauchen, nicht? Aber was ist „Farbe beigesand"?)

Was heißt denn das?

Mallorkiner lieben Buchstabenkombinationen statt langer Begriffe. Der Ausländer versteht dabei meist nur Bahnhof. Deshalb hier die Erklärung für einige der wichtigsten Kürzel:

***AENA** Aeropuertos Espanoles y Navegacion Aerea = Betreibergesellschaft der spanischen Flughäfen* | ***ANEI** Area Natural de Espacial Interes = Naturschutzgebiet* ***BIC** Bien de Interes Cultural = Kulturgut von großem Interesse. Das wäre, wenn sie wirklich ernst genommen würde, die wichtigste Buchstabenkombination Mallorcas. Aber kommerzielle Interessen werden fast immer mehr beachtet als die kulturellen Anliegen* | ***CAIB** Comunitat Autonoma de les Illes Balears = Autonome Region der Balearischen Inseln – der offizielle Begriff der Staatsform* | ***CIM** Consell Insular de Mallorca = Der Inselrat. Das ist das Regional-Parlament der Insel Mallorca.* | ***CP** Codigo Postal = Die Postleitzahl* | ***CV** Caballo de Vapor = Pferdestärke (also unser PS)* | ***DNI** Documento Nacional de Identidad = Der Personalausweis, also das laminierte Kärtchen* | ***EMT** Empresa Municipal de Transporte = Palmas städtische Verkehrsbetriebe* | ***E.P.D.** En Paz Descanse = Buchstabenkürzel in Todesanzeigen und auf Grabsteinen, es entspricht unserem R.I.P. (Ruhe in Frieden)* | ***GESA** Gas y Electricidad S. A. = Der mallorkinische Energieversorger* | ***IBATUR** Institut Balear de Turisme = Das balearische Tourismusamt* | ***IBSALUT** Institut Balear de la Salut = Das balearische Gesundheitsamt* | ***IRPF** Impuesto sobre la Renta de las Personas Fisicas = Wir haben dafür einen kurzen schmerzhaften Begriff: Einkommenssteuer* | ***ITV** Inspeccion de Vehiculos = Der in Spanien jährliche TÜV* | ***IVA** Impuesto sobra el Valor Anadido = Die rätselhaften drei Buchstaben tauchen häufig im Geschäftsleben auf, es ist die Abkürzung für unsere MWSt (Mehrwertsteuer)* | ***NIF** Numero de Identidad Fiscal = Eine enorm wichtige Buchstabengruppe. Denn dahinter verbirgt sich die Steuernummer der Ausländer. Sie ist das Instrument, mit dem das Finanzamt, und damit in Amtshilfe auch der deutsche Fiskus, Kontrolle ausübt über den Geldfluss. Denn theoretisch müsste man die NIF selbst beim Kauf einer Waschmaschine angeben. Tatsächlich wird sie oft verlangt, sogar bei Reparaturarbeiten der Handwerker* | ***OVNI** Objeto volante de identificado = Das entspricht unserem Begriff UFO* | ***P.V.P.** Precio de Venta al Publico = Verbraucherpreis in Läden. Ein etwas mysteriöser Begriff, denn was wäre denn der „nichtöffentliche Verbraucherpreis"?* | ***RFA** Republica Federal de Alemania = Das sind wir, die Bundesrepublik Deutschland oder BRD* | ***SFM** Serveis Ferroviaris de Mallorca = Die Eisenbahngesellschaft der Insel* | ***S/N** Diese Kombination findet man hinter Straßennamen, auf Visitenkarten und im Telefonbuch. Es bedeutet „ohne Hausnummer", weil es sich um ein Neubaugebiet oder um ländliche Gegenden handelt, die noch nicht erfasst sind* | ***UCI** Unidad de Cuidados Intensivos = Die Intensivstation in Krankenhäusern* | ***UE** Union Europea = Das vereinte Europa, die EU* | ***HAY ESTIERCOL** = Es gibt Pferdeäpfel … – ein Hinweis, den kaum ein Ausländer identifizieren kann. Man sieht ihn nur noch in ländlichen Gegenden an den Türen der Cooperativen. Er ist für Gärtner gedacht.*

HEIMWEH NACH DER MELODIE MALLORCAS

Sie ist das Unhörbare im Takt des nur hier zu Hörenden. Es ist die Stille, die Millionen Touristen nur erahnen, und sie ist der Grund, warum so viele in die Einsamkeit ziehen …

„Qui no vol rates, ha de sofrir moixos."

„Wer keine Ratten möchte, muss Katzen ertragen."

(Man muss auch Kompromisse eingehen können.)

Man sagt, Stille sei gehörte Geräuscharmut. Auf Mallorca ist das anders, da ist sie stille Geräuschfülle. Die wechselt natürlich mit dem Wetter und den Jahreszeiten, aber wer als Insulaner an die Insel denkt, so behaupte ich, erinnert sich an eine Folge wunderbarer Klänge. Wenn er nicht gerade an dem Borne oder in Port d'Andratx wohnt, wo die Ohren zu viel stört an Menschgemachtem …

Die Stille beginnt am Morgen mit dem Weckruf der Hähne, die sich mit ihrer Hühnereifersucht anstecken und zum Chor werden. Dadurch fühlen sich Pfaue und Esel angefeuert, ihrerseits den neuen Tag zu begrüßen. Nicht immer, aber immer öfter, denn sie werden schick auf den Fincas. Danach rufen sich die ersten Hunde etwas zu, es klingt wie: „Heut schon was vor, Kollege?"

Es folgen ferne, aber doppelte Schrotschüsse – bumm, bumm! – die Bauern abfeuern, die Feldhasen erlegen. Da graut der Tag gerade und es graut den Hasen. Dann ziehen mit leichtem Surren erste Urlauberbomber aus dem Norden quer über den Himmel nach Palma. Jetzt beginnen jene Schafe zu bimmeln und zu blöken, die die Nacht über draußen waren und nun Schattenplätzen zustreben, denn sie sind ja nicht blöd. Erst nach Jahren kann man unterscheiden, ob die Schafe alt oder jung sind: Das Alter trägt noch holzgeschnitzte Glocken oder von Hand geschmiedete Bimmeln, die Jugend modernes Klangzeug aus dem Eisenwarenladen.

Wind kommt auf, die kluge Morgenbrise, die den Tau von den Blättern zu den Wurzeln treibt, damit sie den heißen Tag überstehen. Der Wind bewirkt ein Rascheln in den trockenen Palmwedeln, das klingt, als reibe ein Riese seine Handflächen. Nun beginnen auch die Flaggen zu flattern bei denen, die sich den Luxus eines Mastes leisten. Mehrzahl deshalb, weil Höflichkeit verlangt, dass man über seiner großen Lieblingsfahne den kleineren Balearen-Stander aufzieht. Von fernen Straßen dringen frühe Autogeräusche ans Ohr, aber nur wenn schlecht geschaltet oder übermäßig Gas gegeben wird – und auch nur, wenn der Wind ungünstig steht. Da kann sich ab und zu eine Polizeisirene untermischen, aber die ist selten und kommt nur von Straßen die man einsehen kann, Wald und Täler verschlucken sonst das Gepfeife.

Dann passiert lange nichts. Man hört nur das, was man selbst produziert. Bis zum Abend, und der hat sein ganz eigenes Programm. Irgendwas huscht in den Büschen, eine Ratte vielleicht, oder ein Gecko fetzt um die Laterne mit einem Laut, der so dezent klingt, als schließe man eine Faust ganz schnell.

Manchmal hört man auch, wie eine Motte den gierigen Mäulern entflattert.

Im Dunkeln kommt Flügelschlagen auf, wenn ein Vogel seinen Ruheplatz auf einem Ast bequemer gestaltet, einem Jäger entkommt und einem bezaubernden oder lästigen Artgenossen begegnet. Gegen 22 Uhr, ein- bis zweimal im Monat, treibt der salzig gewürzte Wind vom Meer das Pianissimo einer Discomusik herauf, aber meist nur freitags bis sonntags, nur dann tobt das Remmidemmi.

Irgendwann liegt man offenen Auges im Bett und es klackert: Mandeln fallen vom Patio-Baum auf die Fliesen wie Murmeln oder Gaumenschnalzen. Zum Schluss meldet sich der Nightscreecher, jener geheimnisvolle Vogel der Nacht, der so bedrohlich klingt, wenn man Gefühlsebbe hat, und so zuversichtlich, wenn's einem gut geht, und er scheint zu sagen: „Alles ruhig hier drau-ßen, kannst Dich umdrehen und schlafen!“ Dann ein dumpfes Plumpsen, rätselhaft, sanft, kaum hörbar und doch deutlich, lange nicht zu identifizieren: Es sind die reifen Feigen, die zu Boden fallen.

Auf Mallorca lernt man, dass es Heimweh nach der Stille gibt. Eine Stille aus vertrauten Geräuschen. Oder, wie Guillem Frontera schrieb: „Die Ruhe in meinem Haus gestattete es mir, das Blinken der Sterne zu hören, die lebendig wie ein Bienenschwarm waren.“

Übrigens: Eines der bekanntesten Lieder der Insel heißt „El parado“ – ein symbolisches Lied, ein Marsch der Langsamkeit, Hymne an ruhige Arbeit und die musikalische Ode an die Stille. Der Text steht bei Santiago Rusinyol in seinem Buch „Mallorca. Die Insel der Ruhe“ auf Seite 152.

2008 veröffentlichte das „Mallorca Magazin“ eine Liste der „10 stillsten Orte der Insel“. Es sind nicht unbedingt meine Orte, aber ich widerspreche auch nicht:

1. Die Gärten von Alfabia
2. Die Strände von Cabrera
3. Das Cabo de Ses Salines
4. Die Bibliothek von Palma
5. Die Höhlen von Genova
6. Eine Wanderung auf den Galatzo
7. Die Kiefernwälder am Schloss Bellver
8. Auf der Halbinsel Formentor
9. Das Mittelschiff der Kathedrale
10. Rund ums Kloster Randa

WO DIE HEXEN TANZEN

Kaum ein Fleck in Europa, ausgenommen Irland, verfügt über derart viele Gelegenheiten, die Kraft der Erde und das Gefühl des Übersinnlichen zu spüren. Mallorca ist durchsetzt mit Magie - gespeist aus geografischen Phänomenen, historischen Begebenheiten und menschlicher Phantasie.

„Es caragol surt quan plou i s'homo quan fa sol."

„Die Schnecke kommt hervor, wenn es regnet, der Mensch hingegen, wenn die Sonne scheint."

(Auf gut Deutsch: Jeder in seinem Element.)

Mallorca ist voll davon, aber vieles verschweigen die Eingeborenen den Ausländern, um ein bisschen Insel für sich zu behalten. Selbst der britische Mystiker und Erfinder der klassischen Tarot-Karten, Arthur Edward Waite (1857–1942), beschreibt die Insel in seinem Buch „Azoth or the Star in the East", Kapitel „The Grand of Mystic of Majorca", überschwänglich, wenn auch etwas gedrechselt: „Die Häfen der Balearen sind wie Tore zu Träumen, durch die der Reisende aus der Fiebrigkeit und Künstlichkeit des modernen Lebens in die pittoreske Einfachheit des 15. Jahrhunderts eintritt ... wir werden in ein Gebiet transportiert, das sich Blicken darbietet wie Joshuas Mond in Ajalon ... es ist das Land der Druiden."

Silvia Reichert de Palacios, die sich selbst „Tiefenökologin" nennt, aus Stuttgart stammt und auf Mallorca wohnt, behauptet, dass diese Orte die stärksten Kräfte besitzen:

1. Miramar
2. Berg Randa
3. Puig d'Alaro
4. Kloster Lluc

Carlos Garrido hat dazu das Buch „Magisches Mallorca" geschrieben, das zu den wichtigsten Werken über die Insel zählt.

Hier besonders auffällige Orte und Begebenheiten, aus Garridos Erkundigungen, den Erzählungen der Mallorkiner, den Akten der katholischen Kirche – und meinen Entdeckungen ...

ALARO

1. Berg S'Alcadena: Das ist der Wohnort der mächtigsten Gespenster der Insel. 2. Wäldchen von Mainou. Hier ließen Inquisitoren ihre Opfer in tiefe Gruben stürzen. 3. Son Curt ist eine Höhle, bei der sich die Vermutung hartnäckig hält, in ihrer Tiefe gäbe es eine bewohnte Stadt.

ALGAIDA

1. Potada des Gegant am Puig de Galdent ist ein Loch, das ein Riese mit seinem Großen Zeh schlug, als er ausrutschte. 2. Etwas Ähnliches sieht man in es Porrassar am Ortseingang: San Cristobal hat einen über einen Meter langen Fußabdruck hinterlassen.

BANYALBUFAR

Im Turm von Rafal de Planicia treten immer wieder Poltergeist-Phänomene auf.

CALA DE SAN VICENC

Hier gibt es einige künstliche Höhlen, in denen Seelen wohnen. Sie wurden nach einem geheimnisvollen Grundriss aus dem Sandstein gehauen – mit einem mysteriösen „Tabu-Raum".

CALVIA

1. Die Höhle von Son Boronat liegt derart unzugänglich, dass sie seit dem 4. Jahrhundert v. Chr. praktisch unversehrt ist – und voller seltsamer Särge. 2. Die fast unzugängliche Schlucht s'Avenc de sa Moneda in der Serra de na Burguesa gilt als Schatzhöhle, in der Kobolde – „Baiets" – Münzen prägen. Seltsam ist das Sonnenlicht, das durch unsichtbare Spalten bis in die Tiefe strahlt.

CAMPANET

Auf dem Friedhof liegt das Grab von Isabel Pons, die 1871 mit 21 Jahren starb. Ihr Bräutigam versprach, es „bis über meinen Tod hinaus" zu pflegen und hielt diese unmögliche Zusage: Das Grab ist im Gegensatz zu allen anderen immer frei von Unkraut und geschmückt mit einer besonders schönen Rose – von Geisterhand ...

CAMP DE MAR

In einem kleinen Tal zwischen Hafen und Ort, bei s'Atalaia, strahlen die Mondnächte im Januar und Februar übernatürlich und Tiere benehmen sich seltsam.

CAN PICAFORT

1. In den Dolmen von Son Baulo sieht man einen „Todeskalender“ mit sakraler Geometrie, es geht ums Weiterleben der Seelen und die Bedeutung der Ahnen. 2. Illot dos Porros (Lauchinsel): Sie ist ein einziges Rätsel und irgendetwas „greift“ nach Besuchern.

COLONIA DE SANT PERE

Nur wenige Meter vom Meer entfernt liegt eine etwa 5000 Jahre alte Dolme mit verschiedenen Grabschichten und geheimnisvollen Funden wie Amulette aus Wildschweinzähnen und bemalten Knöpfen.

DEIA

1. Die Cova de Betlem enthält bedeutende Höhlenmalereien. Sie erinnern an Altamira und Lascaux – aber wie kann das sein? 2. An den Flanken des Berges Teix, der sich hinter Ca n'Alluny erhebt, fand der britische Schriftsteller Ranke-Graves Steine, die wie magnetische Talismane wirken, aufgeladen vom Mondlicht. Zumindest behauptete er das und schenkte die Steine Freunden, die irgendein Problem hatten. Mit Erfolg, wie man hört.

DRAGONERA

Auf dem höchsten Punkt Na Pòpia steht ein verlassener Leuchtturm mit grotesker Legende: Um Schiffe zerschellen zu lassen, verdeckten Adler und Falken sein Licht mit ihren Flügeln.

ERDLAWINEN

1. In der Gemeinde Biniarroi leben erstaunlich wenig Menschen (es waren aber schon weniger), weil behauptet wird, es laste ein Fluch auf der Kommune. Tatsache ist, dass Biniarroi rätselhaft

häufig von Erdrutschen verschüttet oder bedroht wird. Dafür gibt es Dutzende von Deutungen, keine macht geologisch Sinn – aber irgendjemand muss sich mal mies benommen haben, ohne seine Tat später zu sühnen.

2. Auf dem Gut Sa Taula Valle bei Alaró bewegt sich die Erde auch, eigentlich noch gruseliger als in Biniarroi: Von Zeit zu Zeit tauchen Totenschädel und Gebeine aus dem Boden auf, und das wirkt so, als spucke die Erde etwas aus, was ihr nicht gehört. Wieder ist man schnell mit einer Erklärung zur Hand: Dort seien die unschuldig zum Tode Verurteilten der Inquisition verscharrt worden, darunter auch jene armen Teufel, die sich ab und zu auf dem Felsen von Alaró verschanzt hatten und entweder runtergesprungen waren oder sich ergeben mussten.

ESPORLES

In der Cova del Canet fand man seltsame Gegenstände, die an Zauberei erinnern.

FELANITX

Aus Son Maiol stammt ein steinernes Fruchtbarkeitssymbol in winziger Phallusform, das heute im Museu de Mallorca liegt. Es deutet auf einen frühen Kult hin.

GEISTERZUG

Nachts donnert einer durch Genova. Das kann nicht sein, weil es da keine Eisenbahn gibt! Richtig. Dennoch ist sie in einigen Nächten deutlich zu hören. Die Leute sagen „Geisterzug“ und bisher hat keiner das Geheimnis entdeckt. Man meint, es sei gar kein Zug, er klinge nur so, in Wahrheit rattere ein Trupp untoter Seelen durchs Dorf.

HIMBEERQUELLE

Das ist eine zweite geheimnisvolle Wasserstelle. Man findet sie, wenn man am Col de Sa Batida bei Banyalbufar zur Wanderung durch die Terrassen oberhalb des Ortes startet. Die Quelle liegt in einer Höhle, schmeckt wie Himbeerwasser (das aber rein und klar ist) und keiner weiß, warum.

Weitere Wasserphänomene:

1. Bei Soller liefert eine Quelle deutlich rotes und blaues Wasser, was am unterschiedlichen Mineraliengehalt liegt. 2. Am Burgberg Santueri verläuft ein unterirdischer, ständig sprudelnder, mühsam zu findender Bach, während Wasser sonst knapp ist.

KROKODIL

Eine köstliche Geschichte, die so erzählt wird: Im 17. Jahrhundert gelangte ein Krokodil aus Versehen nach Palma, im Ballast eines Schiffes. Es floh ins unterirdische Abwassersystem zwischen El Call und La Portella und tauchte nachts in den Straßen auf, um Beute zu reißen. Dem tapferen Kapitän Bartomeu Coch aus Alcudia gelang es, das Krokodil zu töten, er ließ es ausstopfen, nach seinem Tod 1677 erbte die Familie Rosselló die Trophäe, stellte sie jahrhundertelang am 31. Dezember im Patio ihres Palais aus und vermachte sie schließlich dem Diözesan-Museum, wo sie heute noch ist. Aber: Die Tatsache, dass ein Krokodil in der Ciutat aufgetaucht war, wurde als so bemerkenswert empfunden, dass man dem Reptil einen mystischen Namen gab und ein Denkmal setzte: El Drac de na Coca auf der Plaça del Mirador, an einer Ecke der Fassade des neugotischen Hauses gegenüber dem Bischofspalast.

Diese Geschichte hat eine moderne Variante: Im Natura Parc von Santa Eulalia lebt seit fünf Jahren ein etwa sechs Jahre altes,

1,50 Meter langes einsames Weibchen der Gattung Crocodylus rhombifer. Es war, als es noch kleiner war, in einem Sack vor dem Park abgelegt worden, nachdem es dem Besitzer wohl zu lästig geworden war: Diese nur auf Kuba lebenden Tiere gelten als extrem aggressiv. Jetzt soll die Krokodilin auf ihre Karibikinsel zurückgebracht werden, von der sie wohl illegal ausgeführt worden war, denn dort sind sie vom Aussterben bedroht – es gibt nur noch rund 5000 Stück.

LLUC

Beängstigend ist vor allem der Abstieg in die Grabhöhle Cometa des Morts, denn es ist ein Verwirrspiel für gute Nerven zwischen drohenden Felsen und schwankenden Schatten.

MANACOR

1. Die Coca del Moro liegt an der Steilküste bei Portocristo, und sie zu betreten, bedeutet – so Carlos Garrido – „in die Mysterien des Jenseits eingeweiht zu werden". 2. Unerklärlich quadratisch ist ein Bau im prähistorischen s'Hospitalet Vell kurz vor Cales de Mallorca. Kann es sein, dass hier Karthager überlebten? Nur sie bauten hier eckig ... 3. Am Puig de So na Moixa wächst ein geheimnisvolles Kraut, das dem, der es isst, langes Leben verleiht. 4. In der Nähe steht die Roca des Castellet, die am Kar-freitag Wunder wirken kann, wenn ein Mutiger dort drei Brotscheiben opfert.

MONTUIRI

Auf halber Auffahrt zur Eremita de Sant Miquel linkerhand (bei der Zypressen-Reihe) ist am Berghang die wundersame „Quelle der versteckten Höhle". Deren Wasser besitzt eine besonders starke Heilkraft.

MORTITX

Als nächtlicher Treffpunkt von Hexen gilt die Höhle Sa cova de ses Bruixes.

PALMA

1. Beim Anwesen Son Sunyer lässt sich eine künstliche Grabung nachweisen, die man als „Feenhöhle" bezeichnet. Das heißt: Hier fanden Anbetungen statt und die Menschen warteten auf Erscheinungen. 2. Etwa 300 Meter vom Kloster La Real entfernt steht die Moli des dimonis, eine unheimlich aussehende Mühle, vor der man sich fürchten soll. 3. Dunkle Mächte werden auf der Nekropole unter dem schwarzen Engel auf dem Grab des Opernsängers Uetam (1847–1913) angerufen. Hier sieht man Opferspuren, darunter angekokeltes Menschenhaar.

POLLENCA

1. In der schwer erreichbaren Höhle Avenc de sa Punta wurden ein Brunnen voller menschlicher Gebeine und ein eigentümlicher Holzsarg in Stierform entdeckt. 2. Auch in der Schlucht von Sa Punta fand man Holzsärge in Stierform mit Hörnern, Körpern und Beinen. Von hier aus starteten die Toten zu ihrer Reise ins Jenseits, heißt es.

PORT D'ANDRATX

In den verlassenen Steinbrüchen entdeckt man Malereien, die beim Zelebrieren Schwarzer Messen entstanden.

PORTOL

Deutlich spürbar verfügt die Grabhöhle Son Caulelles über den Nimbus des Übernatürlichen, eine rätselhafte Präsenz und eine urtümliche Inszenierung.

PUIGPUNYENT

In der Höhle Puig de na Fatima bewacht ein Stier einen Schatz und lässt nur den ein, der die Zauberformel kennt.

SA CABANETA

Fährt man nach Portol, liegt links am Weg Son Caulelles. Geblieben von der alten Magie ist nur noch ein kleines Stück Kiefernwald, der als „Niemandsland“ gilt und selbst harte Immobilienhaie abschreckt: Dort ist die Erscheinung einer Weißen Dame verbürgt.

SA CANOVA

Im Talayot spürt man eine Kraft, die den Steinen besonders zu Sonnenaufgang entströmt, deshalb legen Gläubige seit Jahrhunderten dort ihre Hände auf.

SANTA MARIA

1. Wie eine Halle für Zeremonien wirkt die Höhle Avenc de Son Pou, was zu zahlreichen Legenden über Zauberer und Banditen geführt hat. 2. Fährt man nach Sencelles, liegen vor ses Alqueries rechts am Weg das Haus Pou de Buc und gegenüber eine Zisterne. Sie soll verhext sein; tatsächlich hört man aus der Tiefe seltsame Töne: das Schnarchen einer „Wasserfrau“.

SANTANYI

Ähnlich ist die Situation in der Cova del Drac bei Rafal des Porcs, nur dass hier einst Magier lebten.

SANT JOAN

Die Roques del Dimoni sind Felsen im Westen des Ortes, auf denen teuflische Zeremonien stattfinden und in dunklen Nächten die Hexen tanzen.

SANT LLORENC

Beim Puig des Pou Colomer befinden sich zwei Erdeinstiege: Infern Nou und Infern Vell – neue und alte Hölle. Angeblich brodelt es in ihnen.

SES FONTS UFANES (Die prächtigen Quellen)

Sie liegen bei Campanet auf dem Gebiet der Privatfinca Gabelli. Kurios ist die Art, wie sie sprudeln: ohne Zentrum und ersichtliche Erdspalten in einem Eichenwald als Wasserteppich. Sie wurden deshalb 2001 zum Naturdenkmal erklärt und 2005 für 3,3 Millionen Euro von der Balearen-Regierung gekauft. Im Umweltministerium kann man fragen, ob die Quellen sprudeln: Tel. 971/17 68 11.

SOLLER

1. In einem abgelegenen Tal auf der Halbinsel Muleta „tönen“ verschiedene Höhlen, weil der Berg durchlöchert ist wie ein Blasinstrument. In einem engen Kamin liegen die Reste von etwa 2000 Myotragi, unter ihnen auch Knochen der frühen Menschen auf Mallorca (um 3985 v. Chr.). 2. In einer Höhle auf dem Puig de sa Mola lebt angeblich eine „Cuca“, ein Fabeltier, das einem

geflügelten Drachen ähnelt. 3. Sa Coma ist eine enge, dunkle und verwunschene Schlucht, in der ein Kobold lebt. Er ist aber nur am Morgen des Ostersamstags zu sehen. 4. Es Verger gilt als Landeplatz der Außerirdischen – oder Startplatz von in weißes Licht gehüllter Gestalten. Besonders gut sieht man sie angeblich von einem Unterschlupf aus, der es Porxo heißt.

SON SERVERA

Als Schatzberg gilt der Felsen in Son Lluc, auf ihm liegt allerdings ein Fluch, der das Heben unmöglich macht.

ULLS DEL REC
(Quelle oder Augen des Bewässerungsgrabens)

Das ist eine Art Naturbrunnen, aus dem Süßwasser sprudelt, wenn es stark geregnet hat, und Salzwasser bei Trockenheit. Meist entspringt ein Gemisch und zwar in gewaltigen Mengen: ca. 12,3 Millionen Kubikmeter, das ist fast die doppelte Menge, die Gorg Blau und Cuber fassen können. Der Grund des Phänomens ist die Lage: Ulls del Rec liegt zwar acht Meter über dem Meeresspiegel, bezieht sein Wasser jedoch aus einer Tiefe, in der süßes Grundwasser und salziges Wasser vom Meer um den Platz in der Erdspalte streiten. Fundort: Am Fuße des Hügels La Almadrava, südlich an der winzigen Ma-2202 zwischen Pollença und der Straße Alcudia-Port de Pollença.

VALLDEMOSSA

1. In einer schroffen Wand bei s'Estret sieht man die offene Höhle Son Matge. In ihr fand man benagte Knochen des Myotragus, weil Menschen zwischen 4730 und 3870 v. Chr. hier Unterschlupf fanden und Götter beschworen – welche auch immer. Mallorcas

bedeutendster Altertumsforscher William Waldren entdeckte dort auch die „Dame von Matge“, eine archaisch-weibliche Figur. 2. Blickt man auf dem Puig de sa Moneda umher, sieht man eines der frühesten besiedelten Gebiete, Son Oleza-Son Ferrandell, und einige mysteriöse Zeichen, die zu einem versteckten Schatz weisen sollen.

AUCH SIE SIND MALLORKINER

Es gab Zeiten, da kamen auf jeden Inselbewohner drei bis vier Ratten. Heute sind es etwas weniger – und man kann sich gut mit ihnen arrangieren. Meine Frau weigert sich allerdings. Eine Reportage aus dem eigenen Haus ...

„Tanmetä-isch!“

„Ist doch völlig egal!“ *(Das zweitwichtigste Wort in Mallorquin nach „Molve“. Im Umgang mit Einheimischen ist es recht nützlich ...)*

Einige grundsätzliche Dinge, auch zur Beruhigung, vorneweg: 1980 gab es in Palma drei bis vier Ratten pro Einwohner, dann startete eine Vernichtungsaktion, die Zahl sank auf 2:1. 1993 sollen 300 000 Ratten gelebt haben, also weniger als 1:1. Sie wer-den erstaunlich zutraulich und fressen sogar aus der Hand. Nehmen Ratten überhand rund ums Haus, kann man Hilfe rufen (Tel.: 971/45 02 75, 42 88 59 und 20 30 13). Bekämpft werden sie mit Gift und Käfigfallen. Es gibt schwarze, graue und weiß-schwarze Exemplare, einige erreichen gewaltige Ausmaße: rund 25 Zentimeter – ohne Schwanz! In einem Ortsteil von Illetes war die Rattenplage im Herbst 2006 so schrecklich, dass die Bewohner nach Sonnenuntergang Türen und Fenster schließen mussten, und immer wieder sieht man rund um Palmen Blechmanschetten in zwei Meter Höhe, die verhindern sollen, dass

Ratten sich in den Kronen einnisten oder von dort auf Dächer springen.

Übrigens: Die Feld- oder Wanderratten, die sich von Pflanzen ernähren, wurden auf dem Land bis in die 60er-Jahre wie Kaninchen in Öl gebraten, mit einer Soße aus Porree, Tomaten und Lorbeer serviert und gern gegessen.

Auch ich habe eine Ratte und sie lebt seit Jahren mit mir. Nein, eigentlich nicht mit mir, sondern über mir und meist irgendwo. Wann wo, weiß ich nicht. Ich höre sie, wenn sie im schmalen Raum zwischen Dach und Decke rumtobt, und ich sehe sie, wenn sie al paseo geht, raus aufs Feld, um Mandeln zu holen und Wasser an Gummischläuchen zu trinken, mit denen wir den Garten zum Blühen bringen. Wir grüßen uns, aber wir reden nicht miteinander. Was könnte ich ihr auch sagen? Dass sie nachts leiser sein soll, weil ich schlafen möchte, wenn sie Bowling mit Mandelschalen spielt? Dass sie aufhören soll mit ihren gelben Zähnen an den elektrischen Leitungen zu sägen, weil sie tot ist, wenn sie auf den Draht stößt, und ich keinen Strom mehr habe? Und dass sie ihre schwarzen Kackknüddelchen gefälligst selbst wegräumen soll?

Wir sehen uns, weil sie so neugierig ist. Und gesellig. Oft frühstücken wir zusammen, ich an meinem Terrassentisch und sie keine zwei Meter entfernt auf dem Balken, der das Schattendach trägt. Dann bin ich lauter als sie, denn meistens starrt sie mich nur an. Oft sitzt sie auch am Fliegengitter vor dem Badezimmerfenster, schaut mir beim Rasieren zu und richtet sich auf, wenn ich mit dem Zeigefingernagel am Gitter kratze. Damit drohen wir uns nicht, wir kommunizieren unbeholfen.

Ich habe auch eigentlich nichts gegen sie. Wie könnte ich was gegen sie haben, sie war ja lange vor mir da. Sie ist hier der Eingeborene, ich bin der Eindringling. Meine Frau reagiert aggressiv, wenn unsere Ratte sich zeigt oder vernehmen lässt, spricht dann von Seuchen, unhaltbaren Zuständen und Hausverkauf. Sie träumt von ihr, behauptet dann am Morgen, die Ratte habe sich mit rot glühenden Augen, wütendem Fauchen und gespreizten Krallen gegen das Fliegengitter am Schlafzimmerfenster geworfen, um gewaltsam einzudringen.

Das würde unsere Ratte nie tun. Weil sie viel zu klug ist. Und fair – wir trennen unsere Lebensbereiche. Wir praktizieren Koexistenz: Sie da oben, wir da unten. Was will sie denn? Ein Dach über dem Kopf, ein paar Mandeln und etwas Wasser.

Natürlich legt meine Frau heimlich Gift aus und denkt, ich merke das nicht. Rotes Zeug, das höllischen Durst bewirkt, und löscht die Ratte ihn mit Wasser, zerreißt es sie. Oder eine blaue Paste, nach deren Verzehr es die Ratte umhaut wie exekutiert. Aber davon ist meine Frau jetzt abgekommen, weil die Kadaver dann in den Beeten lagen – übel zugerichtet und stinkend. Dadurch kam ein Verdacht auf: Konnte es sein, das wir Dutzende von Ratten im Haus haben und ich immer nur den jeweiligen Chef erlebe? Nein, unsere Ratte ist zu clever, um Gift zu nehmen. Erwischt hat es immer nur wilde Kollegen vom Feld, die ihr das Nest im Dach streitig machen wollen. Unsere Ratte begrüßte die Giftköder, war uns dankbar dafür und mied sie.

Nie kam sie ins Haus. Ich lasse oft Fenster und Türen offen stehen (wenn meine Frau nicht da ist), aber dann huscht sie nicht mal draußen vorbei, wie sie es tut, wenn alles zu ist. Sie möchte mich nicht beunruhigen und mir zeigen, dass sie weiß, was sich gehört. Das finde ich nobel.

Auf eine gewisse Art bewundere ich sie sogar. Weil sie Tunnel in Beton beißen kann, Straßen durch Hohlsteine anlegt und ihr ganzes Leben nur Mandeln isst, was ich für eintönig halte. Aber dadurch erhält sie sich ihre Figur, die sie befähigt durch Löcher zu kriechen, die kleiner sind als ihr Durchmesser. Ich könnte das nicht.

Wenn sie nur ihren hässlichen nackten Schwanz nicht hätte, der sie noch einmal 15 bis 20 Zentimeter länger macht! Dann wäre unsere Ratte sogar recht hübsch: graubraunes Fell und an der Kehle eine weiße Stelle wie ein Kragenbär. „Norweger“ nennt man diese Rattenart in Fachkreisen, weil sie angeblich aus diesem Land stammt und ihren Siegeszug durch Europa und Amerika vor über 1000 Jahren auf den Wikingerschiffen antrat. Bewundernswert.

Nun wohne ich schon über 50 Jahre auf Mallorca und bin mir klar, dass unsere Ratte nicht dieselbe sein kann. Oder doch? Nein. Ich denke, dass unser Haus und unsere Familie vererbt werden. Dass die Ratten auch schon eine Dynastie sind wie wir – Großeltern, Eltern, wir und die Kinder. Unsere Ratten haben die Kunst des Wohnens in unserem Haus genauso von Generation zu Generation beigebracht bekommen, wie wir Menschen es erlernten. Ich stelle mir sogar vor, dass sie mittlerweile genetisch gepolt sind, sich relativ diszipliniert zu verhalten, wenn wir im Haus sind, aber herumtoben, wenn das Haus ihnen allein gehört. So funktioniert's jedenfalls.

Was vielleicht auch an meinem Großvater liegt. Er hat gleich zu Beginn einen Brief an die Ratte geschrieben und ihn neben dem Einstiegsloch in unser Mauerwerk angebracht. „Liebe Ratte“, hatte er begonnen auf Deutsch und auf Spanisch – und dann folgte eine Seite Bitten: Das Haus nur im äußersten Notfall zu betreten, sich bei Anwesenheit von Frauen unsichtbar zu machen, die Vogeleier in den Nestern liegen zu lassen, die Fliegengitter nicht durchzubeißen usw. Am nächsten Morgen waren nur noch ein paar winzige Schnipsel von dem Brief übrig, den Rest hatte die Ratte gefressen – fast möchte ich sagen: verinnerlicht.

Nur einmal gab's Krieg, aber er wurde sofort wieder beendet, weil die Ratte uns durch ihr Sterben beschämte. Das war vor 35 Jahren, da hatte meine Mutter zum Gewehr gegriffen und einen sagenhaften Schuss auf die Ratte abgefeuert, als diese in einem heißen Jahr doch mal den Patio betrat, gequält von Durst, weil dort ein Wasserhahn verlockend tropfte. Die Kugel hatte sie voll erwischt, meine Mutter konnte schießen wie ein Pathane. Da begann die Ratte zu taumeln, griff mit beiden Vorderpfoten ans Herz, drehte sich mehrmals um die eigene Achse, fiel hinten über und starb einen theatralischen Tod, wie er sonst eigentlich nur in Stummfilmen zu sehen ist. Mein Vater schwor sogar, er habe sie seufzen hören.

Da schämten wir uns alle, auch meine Mutter, und wir haben nie mehr auf unsere Ratte gefeuert. Deren älteste Tochter nahm noch am gleichen Tag ihre Stelle ein, verübelte uns den Muttermord aber nicht erkennbar.

Ach, eines hätte ich fast vergessen: Unsere Ratte liebt Golfbälle. Die nagt sie an, reißt sie auf, rollt sie rum, aber nur wenn Maxfli drauf steht. Titleist, Wilson oder Slazenger lässt sie liegen. Das sollte man Maxfli mal mitteilen, ich halte das für ein Kompliment.

Realisten sollten jetzt mit Lesen aufhören, für Romantiker hab' ich noch was: Nachts schaue ich hinab zur Küste und sehe vage den Horizont über der dunklen Masse des Meeres. Oberhalb des Meeres blinken die Sterne, unterhalb des Meeres beginnt das Land. Dann denke ich mir oft: Stern heißt auf Englisch Star und liest man Star rückwärts, heißt es Rats. Stars and Rats, Sterne und Ratten – ja, ich bin auf Mallorca ...

Eine interessante Geschichte erzählte mir ein Mallorkiner: Immer wenn die Hotels an der Küste im Winter schließen, leiden die Privathäuser im Hinterland unter einer Rattenplage – die Nager finden keine Nahrung mehr in den Mülltonnen der Hotels, müssen nun von den viel spärlicheren Abfällen der Villen und Gehöfte leben und erscheinen dazu in Kompaniestärke. Ich wohne, Gott sei Dank, weit über dem Meer und den Touristenburgen. Das fehlte mir noch – ein Dreifachkrieg zwischen meinen Haus-, den Feld- und den Hotelratten ...

NEIN, DIE INSEL IST NICHT ABGEGRAST!

Jedes Jahr im Frühling wird jeder sogenannte „Mallorca-Experte“ von Zeitschriften gebeten, er möge den Lesern „Geheimtipps“ geben. Gibt's die denn überhaupt noch? Ist die Insel nicht bis in den letzten Winkel abgegrast? Doch, es gibt sie und es sind nicht die, die man jedes Jahr liest …

„S'or obri totes ses portes, menys sa des paradis.“

„Gold öffnet alle Türen, außer die des Paradieses.“

(Reichtum ist nicht alles …)

Um eins mal klarzustellen: Die Einheimischen wissen mehr, als sie zugeben, einige integrierte Ausländer, die neugierig über die Insel schnüren, reden auch nur selten und die gängigen „Experten“ sind meist nur Wichtigtuer. Dabei wurden in den letzten 30 Jahren eine Menge wichtiger, skurriler und belanglos interessanter Dinge entdeckt, oder wiedergefunden, von denen ich hier einige aufzähle:

1. 1998 wurden zwei winzige Seestern-Arten entdeckt – Asterina pancerii und Asterina phylactica. Damit existieren im Meer um Mallorca 23 Arten.

2. Bei Portocolom fand man eine riesige Höhle, die nur vom Meer aus zugänglich ist. Es wird allerdings Jahre dauern, bis sie öffentlich wird, und ich denke, sie wird es nie.

3. In einer anderen neuen Höhle an der Ostküste wurde eine reiche Fauna aus weißen, fast transparenten blinden Tierchen katalogisiert. Auch sie bleibt Besuchern verschlossen.

4. Bei Portocristo fanden Arbeiter, die an einer Umgehungsstraße werkelten (nicht weit von den Hams-Höhlen) eine Höhle mit einem großen See. Man möchte sie als dritte Höhle der kleinen Stadt finanziell nutzen.

5. Im Frühjahr 2002 entdeckte man im Sand der Playa von Can Picafort die Muschel-Art Glycymeria inflata lebend, die bisher nur als Fossil existierte und als ausgestorben galt. Rätselhaft: Keiner weiß, woher sie stammt, da der Sand nach der Unwetterkatastrophe im April 2002 aus Ibiza, Banyalbufar und anderen Orten geholt und aufgeschüttet wurde.

6. Im Juni 2002 fand man an der Plaça Constitucio in Palma die Reste einer arabischen Mole aus dem 11. Jahrhundert und geht davon aus, dass hier Waren von kleinen Schiffen gelöscht wurden, während große Boote in der Bay ankerten. Die Mole ist nicht besonders attraktiv, aber ein Neugieriger wird sie finden.

7. Im März 2002 gelang es dem deutschen Taucher Dieter Möhring, 200 Meter vom Ufer entfernt in der Cala Sant Vicenç ein 15 bis 20 Meter langes, gut erhaltenes und nicht geplündertes griechisches Handelsschiff aus dem 5. Jahrhudnert v. Chr. aufzuspüren. Geborgen wurden bisher Amphoren, Vasen, Öllampen, Geschirr und eine Schöpfkelle aus Bronze. Es war das bis dato älteste Wrack in Mallorcas Gewässern. Seitdem ist das Schiff ein submarines Highlight der Schnorchel-Touristen, allerdings hüten es einheimische Archäologen wie ihren Augapfel ...

8. In Port d'Andratx gab es ab 1739 einen Wehrturm. Der galt als verschwunden, zumindest war der Torre de Sant Francesc nicht mehr zu sehen und keiner erinnerte sich. Jetzt fand man ihn: Integriert in ein viergeschossiges Wohnhaus, verfremdet zur Unkenntlichkeit. Aber immerhin … – „Die Balearen" von Erzherzog Ludwig Salvator enthalten einen schönen Stich, auf dem der Turm 1871 als frei stehendes und kolossales Gebäude zu sehen ist.

9. Bei der Renovierung des Teatro Sans und des Kreuzganges der Kirche Sant Francesc in Palma wurden im Sommer 2002 gemeißelte Wappen, arabische Schrift und ein Fresko aus dem 15. Jahrhudnert gefunden. Alles ist zu besichtigen und von großer Schönheit.

10. Günstigerweise stießen Archäologen auf maurische Gräber mit Skelettresten genau am Eingang des Museo de Mallorca in Palma. Es dauert noch eine Weile, aber dann wird man die Funde in einem Saal besichtigen können.

11. Wer im Parkhaus unter der Kathedrale genau hinschaut, sieht im Mauerwerk die Reste einer maurischen Brücke, die 2004 entdeckt wurde. Für einen Amateur ist der Fund kaum auszumachen, aber wer in sieht, erlebt eine eigenartige Mischung aus moderner Tiefgarage und maurischer Baukunst.

12. Seit dem Trienter Konzil (1545–1563) war das Musikstück „Matines de Nadal a las Illes Balears" verschollen, 2006 wurde es durch einen Zufall wiedergefunden. Seitdem wird es immer mal wieder aufgeführt, zum Beispiel in der Kathedrale mit elf Solisten und 200 Sängern.

Sieben heilige Bäume

Die Lage ist nicht so mies, wie Naturschützer behaupten: Die Zahl der Bäume hat sich seit 1969 auf 62 Millionen verfünffacht. Wälder bedecken 122 000 Hektar der Insel – rund 80 000 Hektar mehr als vor 40 Jahren. 95 Prozent der Wälder sind in Privatbesitz, aber das Umweltministerium muss jeden Baum genehmigen, der gefällt werden soll. Die Mallorkiner sind darauf gekommen, dass an sieben Orten, an denen die Erdenergie fließt, Esoteriker würden das „Chakra" nennen, „heilige" Bäume stehen. Sie sagen, dass man „aufgeladen" wird, wenn man sie berührt oder anschaut.

1 **Kiefer dels Montcada** in Palmanova.

2 **Kiefer von Sa Pedrissa** an der Straße C-710 von Valldemossa nach Deia. Sie ist die größte der Insel – ein Jahrhunderte alter Riese an Höhe und Umfang. Wobei viele sich irren: Die Pinien sind Aleppokiefern oder Zypressen, die hier ist eine Kiefer.

3 **Kiefer de Formentor** auf der gleichnamigen Halbinsel.

4 **Die 1000-jährige Eibe** („Teix") im Garten von La Granja bei Esporles, der wohl älteste Baum der Insel. Inzwischen gibt es Botaniker, die ihr Alter sogar auf 2000 Jahre schätzen!

5 **Die dicke Eiche** („Alzina Gran") im Tal von Almallutx. Von ihr sind aber nur noch Reste zu sehen.

6 **Der „Vimer"** von s'Hort des Correu am Ortsausgang von Manacor nach Portocristo. An seinem Stamm wird in der „Nit de Sant Joan", der Johannisnacht, 23./24. Juni, ab 5 Uhr ein heidnisch anmutendes Fruchtbarkeitsfest gefeiert. Der Vimer, deutsch: Silberweide, ist ein heilender Strauch und die Bauernfamilie, bei der er wächst, führt seit Jahrhunderten diesen Ritus durch: Es werden so viele Zweige gespalten, wie Kinder gekommen sind, die – vor allem wenn sie am Bruch leiden – geheilt werden sollen. Jeder Zweig wird zu einem Ring gebogen, durch den die Kinder nackt geschoben werden. Danach werden die Zweige wieder aufgebunden, grünt einer weiter, muss das dazugehörige Kind (mit einer Nummer identifiziert) nicht operiert werden, alle Wehwehchen heilen von selbst. Inzwischen gibt es auch eine vereinfachte Form: Die nackten Kinderbäuche werden mit den Zweigen bestrichen. Die Erfolgsquote liegt bei 90 Prozent, weshalb die Besucherzahl nicht abnimmt und jedes Jahr mindestens 30 Kinder gebracht werden. Mittlerweile wurde der Vimer in Manacor zum „Kulturerbe" erklärt.

7 **Der große Olivenbaum** in Valldemossa, an dem der Heilige Vicent Ferrer predigte.

EIN RUNDGANG DURCH 1000 JAHRE

Erlauben Sie mir, Sie auf eine rund zweistündige Fußtour mitzunehmen, bei der wir nur Attraktionen besichtigen, die in keinem Reiseführer stehen. Na ja, die Kathedrale ist dennoch drin im Programm …

„Uhren und finden der Artikel die nicht eignen der Vorgeschichte“

Hinweis auf einer mehrsprachigen Tafel an der Talayot-Siedlung s'Hospitalet Vell bei Cales de Mallorca

(Diese Formulierung kann auch bei angestrengtestem Nachdenken nicht in Klartext umgewandelt werden!)

Jean Cocteau hat geschwärmt: „A Palma le monde entier est heureux“ – In Palma ist die ganze Welt glücklich! Was soll ich da jetzt noch sagen, wenn doch schon alles geschrieben steht? Ich habe mich bemüht, eine Reihe ungewöhnlicher Informationen zu liefern, wild aneinandergereiht, was man mir verzeihen möge. Beginnen wir mit der Gründung. Da hat man sich jetzt auf eine Jahreszahl geeinigt, ob sie stimmt oder nicht: 123 v. Chr. Gründer? Die Römer. Und hier meine Tipps:

ALTSTADT

Sie hält einen europäischen Rekord: Sie ist die größte.

BALKON

Das Eckhaus rechts neben dem ehemaligen Wohnhaus des Malers Torrents Llado und dem Museu de Mallorca besitzt den letzten, das Haus komplett umlaufenden Balkon Palmas mit einer hölzernen Balustrade.

BEWOHNER

In Deutschland läge Palma mit seiner Einwohnerzahl von 350 000 bis 410 000 Bürgern (die Zahl schwankt z. T. gewaltig) etwa auf Platz 18 – hinter Wuppertal, aber vor Bielefeld, Mannheim und Bonn. Im Januar 2007 waren es 375 048 Bürger, nach eigenen Angaben sogar erstmals 402 000, am 1.1.2009 gab man die Zahl 396 570 bekannt und ein Jahr später waren es bereits 422 387 Bürger. Allein seit 1993 stieg die Einwohnerzahl um fast 17 Prozent, in zwölf Vierteln um über 50 Prozent, in Cala Major um unglaubliche 160 Prozent. Dabei hatte die Stadt um 1910 nur etwa 67 000 und 1970 gerade mal 217 000 Einwohner. Aber nach 2010 fiel die Einwohnerzahl wieder, Ende 2012 lag sie nur noch bei 405 318.

1. MAI

Palma war die erste Stadt Spaniens, in der Gewerkschaften 1890 den „Tag der Arbeit" feierten, bekämpft von der Nobilität.

FLANIERMEILE

Eine besonders attraktive wurde im Frühjahr 2009 eröffnet: Am Westkai dicht am Meer, an den Molen entlang, und sie war schon mal literarisch berühmt: Albert Vigolais Thelen bezeichnete sie in seinem Mallorca-Roman „Die Insel des zweiten Gesichts", der in den 1930er-Jahren spielt, als populären Weg namens „La Riba". Allerdings ist er so nicht mehr begehbar.

FÜHRUNGEN

Die Stadt hat mehrere Rundgänge organisiert, die thematisch geordnet sind:
1. Die Stadt und das Meer
2. Das jüdische Palma
3. Das Kapuzinerkloster
4. Jugendstil
5. Die wichtigsten Sehenswürdigkeiten
Weitere Informationen und Reservierung: Tel. 636/43 00 00

GESCHÄFTE

Mindestens 100 Jahre alt sind 37 Läden, von der Bäckerei Forn Ca'n Miquel bis zur Kerzenzieherei Picornell.

GOTTESHÄUSER

Es gibt 55 Kirchengemeinden, zwei Moscheen und je eine Synagoge und Anglikanische Kirche. Andere Religionsgemeinschaften benutzen unterschiedliche Räume.

Kirche San Nicolas: Auf dem linken Turm ist als Krönung ein Bischofsstab angebracht. Kein Mensch weiß mehr, warum das so ist, aber Spaßvögel behaupten, heimwehkranke Basler würden sich oft davorstellen – in ihrem Stadtwappen ist ein sehr ähnlicher Stab ...

HOTELTIPP

In der Calle Brondo (an der Bar Bosch) eröffnete 2012 das „Brondo Architect Hotel“ mit nur neun Zimmern, das einem Architekturbüro gehört ...

KULTUR

Palma hat sechs Theater (Auditorium, Principal, Municipal, Xesc Forteza, Sans, Del Mar und Mar i Terra), sieben Kinos mit 60 Sälen, 23 öffentliche Bibliotheken, 30 Kulturzentren und 25 Museen bzw. Ausstellungsräume.

LITERATUR

Um ihr folgen zu können (etwa den Straßen in „Die Insel des zweiten Gesichts“ von Thelen), sollte man sich einen in Buchform gestalteten Stadtplan Palmas besorgen. Er heißt „Callejero y planos de la Ciudad“ (Untertitel: „Palma en la Mano“) und ist bei Edicions Cort erschienen. Der Witz daran ist, dass auch erwähnt wird, wie Straßen früher mal hießen, da hat sich mit und ohne Franco einiges geändert.

MERKWÜRDIGKEITEN

1. Im Can Ordines d'Almandra (Carrer Morey) findet man – eingemauert – einen römischen Grabstein mit der bisher nicht gedeuteten und wohl auch kaum übersetzbaren Inschrift „Manllae C E Severae“.
2. In der Posada del Monja (Carrer La Portella, gegenüber dem Palacio Formiguera) ist ein Türklopfer so hoch angebracht, dass nur ein Reiter ihn betätigen konnte. Das war auch sein Sinn.
3. Ein Engel mit Sonnenuhr in der Hand schmückt die Fassade der Posada de la Cartoixa (Carrer La Portella) – mit dem deutlich

finalen Hinweis im Schriftband: Ultima Multis, für viele das letzte Stündchen ...
4. Die Fassade des Palais Can Catlar steckt voller grotesker Figuren, menschlich und tierisch – es ist ein in Stein gehauenes Märchenbuch.

NAME

Bis ins 17. Jahrhundert hieß Palma zwar offiziell Palma, wurde aber nur „Mallorca“ genannt. Heute heißt es intern „Ciutat“, Hauptstadt, und im offiziellen spanischen Städteregister Palma – ohne Zusatz de Mallorca.

RANDORTE

Zu Palma gehört nicht nur die Ciutat, sondern auch eine Fülle von Außenbezirken: Can Pastilla, Casa Blanca, Coll d'en Rabassa, Es Pil·lari, Establiments, Genova, Playa de Palma, Sa Indioteria, Sant Agusti, Sant Jordi, S'Aranjasa, Secar de la Real, Son Ferriol, Son Sant Joan, Son Sardina, Son Serra und Sa Vileta.

RESTAURANTS, BARS & CAFES

Rund 1300 sind registriert, davon neun nur für Homosexuelle. Dazu kommen über 80 Nachtklubs und Diskotheken.

RONDA

Sie entspricht dem Verlauf der alten Stadtmauer, deshalb verläuft sie im Zickzack: Man baute sternförmig, um einen Angreifer, der zwischen den Zacken stand, von zwei Seiten beschießen zu können.

SA GERRERIA

In diesem alten Viertel haben Dinge überlebt, die schön sind und in keinem Reiseführer stehen:
1. Das gotische Haus Can Serra mit seinen mittelalterlichen Fenstern (c/. Gerreria/Placa Quadrado)
2. Das große Bild der Töpferzunft in der Kirche (c/. Socorro)
3. Rundbögen an den Placas Quartera und del Mercadal

SICHERHEIT

Die Stadt setzt seit 2002 „Vigilantes de barrio" ein. Das sind spezielle Polizisten, die sich nur um ihr Viertel kümmern, den Bürgern bekannt sein sollen und von Montag bis Freitag in zwei Schichten rund um die Uhr patrouillieren. Zu ihren Aufgaben gehört auch das schnelle Schlichten von Nachbarschaftsstreit.

STADTKERN

Abends da durch zu wandern, gehört zu den großen Vergnügen, weil man dann besonders gut sehen kann, wie fabelhaft alte Paläste modern ausgebaut wurden, oder wie prachtvoll sie im Original sind. Aber welcher Route folgt man? Welche Sehenswürdigkeiten liegen am Weg? Wieder der Hinweis auf ein Buch, dass jeder ernsthafte Fan haben muss: Valero i Marti, „Walking Tours Around The Historical Centre of Palma". Darin werden fünf Routen mit 106 Sehenswürdigkeiten vorgestellt, es gibt vergrößerte Stadtpläne, Detailzeichnungen, ein Lexikon der Fachbegriffe und einen cleveren Index. Im Grunde muss jeder das Buch im Auto haben, der nach Palma fährt.

STADTRAT

In ihm sitzen 28 Abgeordnete.

STRASSEN

Sie waren früher Einbahnstraßen für Fußgänger – die linke Seite führte in eine Richtung, die rechte Seite in die andere. Zum Shoppen durfte man kreuzen, musste danach aber zurück.

1. Carrer de la Sagrista de Sant Jaume: Man sollte einmal durch diese Altstadtgasse bei der Kathedrale wandern – sie ist so eng, dass zwei Menschen nicht nebeneinander gehen können, und die Fensterläden schwingen wegen Platzmangels nicht nach Außen, sondern werden an der Wand entlang geschoben. Es gibt aber auch Fenster, die seltsam hoch angebracht sind, sodass man annehmen darf, dass sie, von innen gesehen, fast an der Decke liegen – auch dies geschah, damit Lastkarren auf der Straße selbst bei offenen Läden problemlos passieren konnten.

2. Passeig per l'Artesania, kurz P'A genannt: Diese Straße im Altstadtviertel Sa Gerreria zeichnet sich dadurch aus, dass diese Passage kurz ist, aber man lange braucht, um sie zu durchqueren. Denn hier liegen so witzige Etablissements, dass man in jedem ein paar Minuten verweilen muss – geführt von bunten Fahnen mit eigens entworfenen Piktogrammen und z. T. in deutscher Sprache. Einige Beispiele …

a. Botiga Joies: Hier verkauft der Chilene Jorge Pohlmann Schmuck ab 30 Euro, der ungewöhnlich ist.

b. Certamica Etruria: In dieser Töpferei bietet Maria Luisa Capitel, die früher Helferin des Architekten Otzoup war, nur Dinge an, die sie selbst entwirft – darunter bemerkenswerten Keramikschmuck.

c. Glaserei Olga Rioja: Sie hat nur handgefertigte Unikate – von der falschen Tiffany-Lampe bis zum mallorkinischen Fenster, auch nach Maß.
d. Mayurka Blown Glass (MBG): Nicht weit von Olga hat Manuel Garcia seine Werkstatt mit Laden. Hier kann man gleich kaufen, was der Meister neu aus zerbrochenen Fenstern bläst.
e. Botiga Solidaria: Sie wird von der Nonne Maria von den Hermanas de la Caridad betrieben und zu haben sind seltsame, schöne und nützliche Dinge aus dem „fairen Handel" in aller Welt. Besonders interessant: gebrauchtes Spielzeug ...
f. Cafe Sa Gerreria: für den eiligen Kunden ...
g. Cafeteria Santacilia: Was ganz Modernes; ein witziges Lokal mit vielen Gags, aber einer anständigen Speisekarte.

3. Sant Nicolau: Eine der reizvollsten Straßen, weil an ihr einige der ältesten, hübschesten und nettesten Geschäfte liegen. Besonders interessant für Jugendstilfans und Liebhaber von Süßigkeiten: die „Bomboneria La Pajarita" der Familie Mulet, seit 1872 ein Schlaraffenland ...

STRASSENKAPELLEN

Palma hat rund 30 der Capelletes de Carrer (Altarnischen), eingelassen in oder angebracht an Häusern, und 2010 wurden sie liebevoll restauriert. Die Künstler sind zu 99 % anonym, was ihrer Schönheit keinen Abbruch tut, und die Stadt hat 2011 einen kleinen Führer „Capelletes" publiziert, der 10 Euro kostet.

VERKEHRSDICHTE

Hier hält Palma sogar einen Weltrekord: ein Motorfahrzeug pro Kopf! Das ist Platz 1 vor Singapur.

WACHSTUM

Palma gilt als die am schnellsten wachsende Stadt der EU.

... Und dann habe ich eines Tages meinen klugen und gebildeten Freund Hans auf verschlungenen Wegen durch Palma begleitet und er hat ein Türchen zu einem Wunderland aufgestoßen ...

Niemand hatte mich darauf vorbereitet. Immer reden sie von der Altstadt und meinen die zwischen Kathedrale, Temple, Misericordia und La Llotja. Keiner hat mir gesagt, ich solle doch mal in die Avenida Argentina einbiegen, gleich wieder nach links abzweigen ums „Cafe Cuba" und nach 200 Metern durch einen Toreingang zur obersten der drei Mühlen über dem Paseo Maritimo gehen.

Ich war baff. Mitten in Palma sozusagen, nur ein paar Meter über dem Paseo Maritimo, liegt ein Viertel der kleinen Häuser. 100 und mehr Jahre sind sie alt und unverändert. Ein- und zweistöckig, oft nur vier Meter breite Fassaden beherbergen zwei Hausnummern – und oben drüber vielleicht eine Terrasse. Man sieht alte Türen wie Sargdeckel und schnörkelige, kunstvolle Verzierungen aus Olivenholz und Sandstein, die die Fassade eigentlich nicht (mehr) wert ist, weil sie in sich zusammenfällt. Geranien blühen in Kästen und Gassen mit quer gespannter Wäsche öffnen sich plötzlich. Es sieht aus wie die Kulisse einer „Carmen"-Inszenierung von 1908. Samt Kopfsteinpflaster, Blick in subtropisch bepflanzte Hinterhöfe und von Gittern geschützte Bäume mitten auf den Plätzen, die zu klein sind für vier geparkte Autos.

Und dann die Plaza Vapor – der Dampfplatz. Sie steht in jedem Stadtplan, Menschen wohnen hier, Autos dürfen parken, und kaum je einer war hier, der nicht hierher gehört. Da möchte ich an einem Häuschen klopfen, mir einen Stuhl ausleihen und mich mitten rein setzen. Der letzte Marktplatz. Ein Viertelzentrum.

„Woher kommt der Name?“, fragte ich drei Mallorkinerinnen, die in der Abendsonne beim Sticken in einer Gasse auf tiefergelegten Schaukelstühlen wippten.

„Nach den paar Ausländern, die immer wieder hierher kommen und in der Hitze dampfen“, sagte einer, und die anderen kreischten vor Vergnügen. Ich auch.

Die Schaukelstühle sind deshalb tiefergelegt, damit sie näher an der Erde sind, um ein am Boden liegendes Wollknäuel mit der Hand aufzuheben, und damit ein Überschlag nach hinten oder ein Herausfallen in Ekstase (wg. Lachen zum Beispiel) nicht mehr so gefährlich ist.

Ich bin stundenlang kreuz und quer gelaufen, rauf und runter (das Viertel ist hügelig) und dann hinein in den Carrer del Botalo, der einfach nicht nach Palma gehört und nicht mehr in unsere Zeit. Es ist, als hätte jemand eine Käseglocke darüber gestülpt und verfügt: Das bleibt jetzt so auf ewige Zeiten, ganz gleich was drumherum geschieht.

Und dann steht da ein blassgelber Palast direkt neben der obersten Mühle. Sozusagen Wand an Wand. Und da dämmert es dem, der Mallorca wirklich liebt und deshalb zu kühnen Annahmen neigt: Könnte es nicht sein, dass es der berüchtigte Torre de Reloj ist aus „Die Insel des zweiten Gesichts“ von Thelen! Seine scheußlichste Bleibe, als er total abgebrannt war – das Bordell, das gleichzeitig Karawanserei, Schenke, Herberge, Schmugglerhöhle und Lasterort war? Renoviert auf Luxus mit vier Apartments, aber noch nachvollziehbar, wenn man das Buch in der Hand hat. Mein Freund Hans hält das für möglich.

Bei Thelen, so führt er uns scheinbar irre oder er erinnert sich nicht mehr genau*, liegt es an einer Ausfallstraße von Palma, fast auf dem Land – und so war das damals in den frühen 30er-Jahren auch da, wo dieses gelbe Haus heute steht. Das Meer brandete noch bis an die Mühlen, denn den Paseo Maritimo gab es noch nicht, und man fuhr „fuera“, wenn man zu diesem Ort wollte: nach draußen. Thelen hat nicht eigentlich gelogen, die Bebauung hat ihn nur überholt.

Aber es gibt erhebliche Zweifel am Torre. Ist er es wirklich? Streit ist ausgebrochen ...

Und nun kommt das Überraschendste: Stellen Sie sich vor den Torre de Reloj in Richtung Porto Pi – und Sie sehen Niemandsland! Brache Scholle, grüne Wiese, blühende Blumen, ein hängengebliebener Luftballon, dem langsam die Luft ausgeht, aber sonst nichts darauf von Menschenhand, ein stilles Tal, ein Bauland-Vergiss-mein-nicht der Immobilienhaie, und jenseits, in der Ferne, drüben, beginnen die Wohnblöcke, die Hochhäuser, das Leben. Der Paseo rauscht an diesem Kleinod vorbei.

Sind wir noch in Palma? Es kann nicht sein. Aber der Wald der wippenden Masten im Königlichen Yachtclub erinnert daran, Schloss Bellver rechts oben, das hummelartige PS-Gesummse vom Paseo, der dicke kleine Leuchtturm von Porto Pi, die Nummernschilder der seltenen Autos.

Aber sonst?

Ach, ist das herrlich, dass es hier keine Boutiquen und Discos gibt und damit nichts, wofür sich PR lohnen würde. Nur ein gottverlassenes Mühlenmuseum, dessen Beschriftung in Schmiedeeisen, aber so gedreht gedrechselt gestaltet ist auf Mallorquin, dass keiner es lesen kann. Aber die Fenster sollte man sich angucken, mit Fensterbrettern, die schräg und kantig aus der Wand schauen, weil sie eine steinerne Blende tragen, die ebenfalls schräg aus der Hauswand ragt. Weil so der Wind vom Meer eingefangen und durchs Fenster ins Haus geleitet werden kann. Schon mal woanders gesehen? Kaum. Es ist die mittelalterliche, längst ausgestorbene Variante der Klimaanlage.

Es existiert also nichts, womit man Touristen anlocken könnte. Das Viertel um die Plaza Vapor ist vergessen worden. Und das Vergessen ist der wirkungsvollste Denkmalschutz.

Eigentlich sollte ich gar nicht darüber schreiben ...

Ich hätte da noch ein entzückendes P. S., weil Palma den galantesten Bankräuber der Welt bieten kann. Er war an Weihnachten 2003 mit gezogener Pistole in eine Filiale gestürmt, hatte eine Tasche mit Geld füllen lassen und der Kassiererin gedankt mit Küsschen rechts und links. Das kostete so viel Zeit, dass die Polizei eintreffen und ihn verhaften konnte ...

* 1952 schreibt Thelen in einem Brief an einen mallorkinischen Freund, das Bordell habe „an der Straße nach Valldemossa, oder Soller" gelegen. Aber auch da ist er entsetzlich unpräzise ...

DER KAMPF UM DEN ENTDECKER

War der Entdecker Amerikas nun aus Genua, Barcelona oder Mallorca? Der Verdacht erhärtet sich, dass er aus dem Insel-Städtchen Felanitx kam, und wer dem widerspricht, muss sich auf einiges gefasst machen!

„Verbieten Zugang und Schwimmen an Mensch ausländisch Gebäude“

Text einer Hinweistafel an einem Strand im Norden der Insel

(Nimmt maqn das wörtlich, kann es nur heißen: „Menschen, die in ausländischen Häusern wohnen, dürfen hier nicht Baden.“)

In einer Fußnote seiner Übersetzung von George Sands legendärem Buch „Ein Winter auf Mallorca“ behauptet der britische Schriftsteller Robert Ranke-Graves, Kolumbus (1451–1506) habe Colom geheißen und sei mallorkinischer Jude gewesen. Mir sagte er mal: „Sie wären überrascht, wenn Sie wüssten, wie viele Plätze in der Karibik er nach Orten auf Mallorca benannt hat!“ Der französische Kolumbus-Biograf Jean Merrien schreibt dagegen, der Entdecker Amerikas sei wohl Katalane gewesen, aber kein Jude und sicher nicht Genueser, da er kein Italienisch gekonnt habe.

Ja, was denn nun?

Man darf auf Mallorca ungestraft behaupten, dass es keine Insel sei und seine Bewohner „Botifarres“ (Blutwürstchen) heißen. Aber wagen Sie es nie, auch nur anzudeuten, Kolumbus habe das Licht der Welt in Genua, Barcelona oder sonstwo erblickt. Der Entdecker Amerikas stammt aus Felanitx – basta! Lokalhistoriker Gabriel Verd kann's sogar beweisen, denn die wahre Geschichte soll nämlich so gehen:

Cristobal Colom, so hieß er eigentlich (insistieren Mallorkiner), wurde auf dem Castillo de Santueri* geboren als unehelicher Sohn von Carlos de Viena, Bruder des Königs Ferdinand von Aragon. Seine Mutter war eine gewisse Margalida Colom aus Felanitx. Das will er so beweisen: „Ein italienischer Nobody“, sagt Verd, „wäre nie zu Königin Isabella vorgelassen worden, um ihr den verrückten Plan einer Indienreise schmackhaft zu machen.“ Aber Colom war ja ihr unehelicher Neffe!

Beweis Nr. 2: Die erste Insel, die er in Amerika entdeckte, taufte er „Margalida“ – nach seiner Mutter und in mallorkinischer Schreibweise für Margarita.

Beweis Nr. 3: Er schrieb Briefe mallorkinisch, nie spanisch, sehr selten italienisch.

Beweis Nr. 4: Königin Isabella I. ernannte Kolumbus zum „Virrey“ (Vizekönig) der von ihm entdeckten Länder. Ein Titel, den kein Bürgerlicher, schon gar kein Ausländer tragen durfte.

---

* Oder zumindest in der Umgebung, denn die Familie Gomila in Felanitx besitzt das Landgut Son Ramonet in den Hügeln von Santueri, es stammt aus dem 13. Jahrhundert, ist in zwei Hälften geteilt, dient als Hotelfinca und neueste Forschungen deuten darauf hin, dass es das Geburtshaus von Kolumbus war.

Beweis Nr. 5: Es waren Mallorkiner, die als erste eine Stadt auf den Namen ihres größten Sohnes tauften – Portocolom.

Beweis Nr. 6: Zwei Steuermänner von Kolumbus waren „Xuetas", getaufte Juden aus Palma.

Schriftsteller Guy de Forestier aus Portocolom ist es daher leid, weiter zu diskutieren. Für ihn ist bewiesen, dass Kolumbus Mallorkiner war: „In den Straßen des Städtchens Felanitx kann man viele Namen finden, die mit der Expedition von 1492 in Zusammenhang stehen." Zudem, so Forestier, brauche man sich nur die Namen anzuschauen (als nächsten Beweis): Kolumbus habe sich „Tofol" genannt, mallorkinisch für Cristobal, und sein Bruder und Begleiter Bartolome wurde „Tomeu" gerufen, auch eine mallorkinische Namensform.

Forestier: „Glauben Sie im Ernst, dass sie Genueser waren? Der gesunde Menschenverstand macht das unwahrscheinlich. Sie waren mit größter Sicherheit Mallorkiner."

Wer's jetzt noch nicht glaubt, der sollte nach Felanitx fahren. Dort gibt es ein schnuckeliges Colom-Museum, das älteste seiner Art, im „Cas Capitan", dem „Kapitänshaus", auf dem Landgut Alqueria Rossa.* Einfach durchfragen und klopfen, denn es wird Zeit, dass wir als Mallorca-Fans über 500 Jahre nach der Entdeckung Amerikas endlich auch seinen Entdecker entdecken. Auch Genforscher arbeiten gerade daran, indem sie DNA-Material aus seinem Sarkophag in Sevilla mit Proben seiner Nachfahren in Felanitx vergleichen.

---

* Kolumbus-Forscher Verd richtete 2012 eine Dependance als ständige Ausstellung in Portocolom und im Restaurant „Son Colom" in Felanitx ein.

Jetzt braut sich allerdings ein Gewitter von Insel zu Insel zusammen. Denn Historiker Nito Verdera aus Ibiza lehnt sämtliche bisherigen Theorien ab. Er glaubt anhand neu entdeckter Dokumente beweisen zu können, dass Kolumbus aus – Ibiza kam.

Und da, sozusagen aus dem Off, kommt eine Geschichte aus Camp de Mar, die so skurril ist, dass sie wahr sein könnte. Denn welcher Mensch, der einigermaßen bei Verstand ist, könnte sowas erfinden? Und wenn ein Bekloppter die Geschichte erdacht hat, wird sie dadurch nicht schlechter. So gut ist sie. Ich nenne sie: Der Schrank, der Amerika entdeckte ...

Wieder einmal trieb ich mich in den Weiten des Internets herum und stieß bei eBay auf folgenden Hinweis:

Sie bieten hier auf eine sehr schöne, authentische und interessante 600 Jahre alte Tür aus dem Mittelalter!

Sowas ist unwiderstehlich für mich, ich klickte und befand mich in einer Erzählung über einen 190 cm hohen, 55 cm breiten und 60 cm tiefen, mit Eisen beschlagenen Schrank. Und in der Erklärung, warum Kolumbus Amerika gesucht hatte. Da stand nämlich im eigenwilligen Deutsch des Verkäufers:

„Ich bekam diesen Schrank von einer alten spanischen Dame geschenkt, die ich sehr mochte. Diese Frau kam jeden Sonntag alleine zum Mittagessen in das Restaurant, in dem ich arbeitete, und im Laufe der Zeit entwickelte ich zu dieser Frau eine besondere Beziehung. Nach drei Jahren starb sie im Alter von 37 Jahren, und da sie niemanden mehr in ihrer Familie hatte (keine Kinder oder Geschwister), bat sie mich darum, nach ihrem Tode ihre Mietwohnung aufzulösen. Sie erzählte mir immer von dieser Schranktür. Sie meinte, wie wertvoll und wichtig sie für sich und all ihre Vorfahren war: Sie brachte diese Tür in Verbindung mit Kolumbus, obwohl diese Tür zu der Kneipe ihrer Vorfahren gehörte, die seit 1450 in Lissabon lebten. Aus welchem Holz sie ist, weiß ich nicht, aber etwa 50 riesige, von Hand geschmiedete Nägel halten die zwei Platten zusammen. Die alte Dame hat mir die Tür, um die herum ca. 1870 ein Schrank gebaut worden war, geschenkt und meinte, ich solle sie verkaufen.

Anfangs wollte ich das nicht, war aber neugierig, was das wert ist. Ich konnte mir den Schrank auch als Truhe vorstellen oder die Tür ohne Schrank an der Wand hängend. In gutem Ambiente kann sich die Aura der über 600 Jahre entfalten.

Aus dramaturgischen Gründen habe ich den zentralen Gag natürlich vorenthalten, aber hier ist er: In der Familie der alten Dame wurde erzählt, Kolumbus habe 1491 die Kneipe in Lissabon (wo er damals lebte) betreten, sei gestolpert und derart krachend mit dem Kopf gegen eben diese Tür geknallt, dass er ohnmächtig geworden sei – und bei seinem Erwachen plötzlich die fixe Idee gehabt habe, er müsse Indien entdecken. Nichts Anderes interessierte ihn mehr und der Familie der alten Dame war jahrhundertelang klar: Wäre Kolumbus nicht gegen die Tür gerannt, wäre Amerika bis heute nicht entdeckt. Es war sozusagen diese Tür, die Amerika entdeckte und 1492 – kein Jahr später – hatte Kolumbus auch das spanische Königspaar mit der fixen Idee infiziert, es finanzierte die Reise, er brach auf und entdeckte tatsächlich einen neuen Kontinent. Es war aber nicht Indien, sondern Amerika. Das macht ja nichts.

Kann jemand nachvollziehen, dass ich die Tür mit dem Schrank, der da in Camp de Mar stand – nein, eigentlich die Legende um ihn herum – haben musste? Aber bei 334,33 Euro bin ich ausgestiegen, weil der Mindestpreis zwar nie genannt, aber damit immer noch nicht erreicht war.

EIN VÖLLIG NEUES LEBENSGEFÜHL …

Das ist eigentlich etwas Furchtbares: Der Stil, mit dem Ausländer glauben, ihre Finca einrichten zu müssen, um die ideale Verbindung zwischen geografischer Authentizität und persönlichem Geschmack zu erreichen. Ohne so „primitiv" eingerichtet zu sein, wie die mallorkinischen Urbesitzer der Häuser gelebt hatten – oder die Einheimischen angeblich immer noch wohnen!

„Es llit calent fa sa taula freda."

„Ein warmes Bett macht einen kalten Esstisch."

(Man kann nicht alles haben.)

Der Idealfall ist eine Seltenheit: Man belässt die alten Fincas, wie man sie vorfand, und fügt lediglich fließend Wasser, Strom, sanitäre Anlagen, Heizung und eine anständige Küche hinzu. Könner vermögen das so unauffällig, dass Gemütlichkeit ohne Pomp erreicht wird. Aber wer macht das schon so? Die, die's nicht können, spielen mit Schmiedeeisen herum wie Konditoren mit Spritzguss auf Torten, bauen Wagenräder als Fenster in die Außenmauern ein, legen sich Brunnen zu, wie sie in provinziellen „Carmen"-Aufführungen gezeigt werden, und neulich sah ich an einem Pool einen lebensgroßen Kaiser Augustus aus Gips stehen.

Millionärin H., Meisterin des schlechten Geschmacks, kaufte auf Wochenmärkten Dutzende fabrikgefertigter afrikanischer Skulpturen, dekorierte damit ihre Villa, und als ich erstaunt fragte, wie das zu Mallorca passe, erwiderte sie tadelnd: „Wissen Sie denn nicht, dass die Insel 700 Jahre afrikanisch war?“ Wohl wahr, gnädige Frau, aber maurisch, nicht schwarzafrikanisch, und so lange auch nicht. Ich sagte es ihr aber nicht. Beliebt sind auch großflächige Bilder, möglichst bunt gemalte Pflanzen, um den fröhlichen Garten und Sonne auch abends und nachts im Heim zu haben, aber bessere Stände weichen auf Abstraktes aus, weil sich darüber kaum diskutieren lässt. Landschaften dagegen unterliegen einer klaren Meinung, schlechte könnten sogar erkennbar sein. Abstrakt fallen Kategorien wie gut und schlecht nicht in die übliche Beurteilung.

Neuerdings kam andere Kunst an die Wände: Selbstdarstellungen. Denn die Galerie ARTamTAM an der Plaça Pont in Palma bietet Warhol-Adaptionen an: Man wird fotografiert, digitalisiert, eingefärbt und erhält ein buntes Vierfachporträt (90 x 90 cm) für 336 Euro inklusive Rahmen. Sowas hängt in mehr Fincas, als der gemeine Mensch sich vorstellt ...

Ich denke dann immer mit Wehmut an meinen verstorbenen Freund, den Schriftsteller Herbert Reinecker. Der bewohnte eine Villa tief drinnen in den Bergen von Esporles, in Es Verger, und weil er nachts das Gleiche sehen wollte wie am Tage, ließ er den Blick bei Helligkeit vom Maler Manfred Bockelmann, dem Bruder von Udo Jürgens, etwa in der Größe des Panoramafensters nachmalen und hing ihn sich in den Salon. Nun sah er, wenn's dunkel war, dasselbe wie bei Sonnenschein. Das ist skurril, hat aber Stil.

Ums Jahr 2000, als spanische und vor allem insulare Antiquitäten knapp wurden, was peinlich war für Innenarchitekten, führten diese den „Asienstil" ein: Möbel aus Indonesien*, Kupfer aus Thailand, Flechtwerk von den Philippinen und Stoffe aus Indien. Dabei gelang es den Dekorateuren, ihrer Kundschaft einzureden, die multikulturelle Vergangenheit Mallorcas schreie geradezu nach diesen Dingen, zumal oft einheimische Antiquitäten, weil so knapp, brutal „auf asiatisch" kopiert wurden.

Das betraf auch die bäuerlichen Keramikteller und Steingut-Schüsseln, die aus Italien und Portugal eingeführt und als Originale ausgegeben wurden. Und die Fälscher hatten Konjunktur: Perfekt kopierten sie Altes und ließen Neues alt aussehen, manchmal mit unerwarteten Tricks, wie mir mein Freund Xesc in Felanitx demonstrierte: Da stand vor uns ein Stuhl mit Polstersitz und Armlehnen, der noch nach Schreiner roch und aus fast weißem Holz bestand. Da mischte Xesc eine teuflische Flüssigkeit zusammen: Firnis und altes Auto-Öl, wie es bei Ölwechseln abgezapft und eigentlich weggegossen wird. Es wird aber nicht mehr weggegossen, sondern aufgefangen und literweise an Antiquitätenhändler und Möbeltischler verkauft. Denn gemixt mit Firnis verleiht die schwarze Brühe eine Patina, die mindestens nach 19. Jahrhundert aussieht – wenn nicht älter.

„Aber das stinkt doch scheußlich nach Motor und schmiert wie Teer", monierte ich, aber Xesc lachte und ließ mich riechen: Die Firnis hatte den typischen Abgasgeruch gekillt und das Altöl

---

* 2008 eröffnete ein Schweizer Ehepaar in Porreres sogar einen ganzen Laden mit Möbeln aus Fernost, das „Bali House Mallorca".

geschmeidig gemacht. Ein paar Stunden später sah der Stuhl, jünger als die Enkel von Xesc, so aus, als habe schon sein Urgroßvater darin gesessen.

Inzwischen hat der „Florida-Style“ den Fincastil eingeholt in der Form, dass selbst Gehöfte im Pla mit Säulenportalen geschmückt und Palmenalleen angelegt werden. Wobei man gern zehn Meter hohe Bäume pflanzt, um nicht aufs Wachstum warten zu müssen. Was 90 Prozent der Palmen nicht gut bekommt, aber dann werden sie eben ersetzt.

Als notwendiger Chic wird eine „rustikale“ Küchenausstattung empfunden. Dazu werden auf alt getrimmte Kupferpfannen gekauft, Geschirrteile in Ceramicas „nach Maß“ bestellt, allerdings nach Vorlagen aus fashionable Zeitschriften – nur eben auf alt. Was den Insel-Töpfern leicht fällt, sie jedoch lächeln lässt. Vor allem, wenn, wie ich das neulich erlebte, verlangt wird, dass preiswerte IKEA-Teile (die eigentlich gut passen) dickwandig, mit ausgefransten Rändern und farblich abgestimmt auf den Rest der Finca kopiert werden müssen. „Bäuerlich“ eben.

Apart: Gartentore aus geschwungenen, aber flach gehobelten Olivenbaum-Ästen, wie sie verwittert und wunderbar fragil zu vielen Bauernhöfen führen. Aber jetzt werden sie neu produziert, stabil, verschließbar, und nun kosten sie, man glaubt es kaum, über 1000 Euro. Alte Tore? Für rund 400 Euro zu haben, Connaisseure führen sie mittlerweile aus Menorca ein.

Letzter Schrei 2005: Dachpfannen mit Haken, innen am oberen und unteren Rand bemalt und mit Teelichtern bestückt, als Abendschein für den Patio. Sie kosten rund 50 Euro – das Stück. Materialwert: 4 Euro.

Gut im Geschäft sind Baufirmen, die altes Gemäuer abreißen, ehe sie neues hochziehen. Da fallen oft handgehauene Balken an, die an die Decken der Finca-Wohnstuben platziert werden. Keineswegs als tragendes Element, sondern um die bewährte Heimeligkeit adeliger Salons der Insel zu vermitteln. Was meist auf groteske Weise misslingt.

Die Nachfrage nach Pflanztöpfen aus gebranntem Ton im Amphoren- und Tonnenformat ist derart gestiegen, dass bereits für fabrikfrische Exemplare über 200 Euro gezahlt werden. Der absolute Zaubersatz? „Das stammt aus einem Kloster in Lloseta." Oder wo immer die Lüge des Händlers oder Käufers es ansiedelt.

Zu den geschmackvollsten Verfremdungen einheimischer Gegenstände gehören die wie Säulen geformten Eggen, die zu tragenden Elementen umfunktioniert werden. Sie sind etwa 100 bis 150 Zentimeter lang, aus Stein geschlagen in Sternform, und am oberen Ende schlanker als am unteren, damit sie sich beim Ziehen im Kreis drehen. Man findet sie auf Bauernhöfen (oft noch mit dem Originalholzrahmen drumherum) und im Handel.

Immer wieder sieht man in pompös eingerichteten Häusern seltsame Tische: Große Holzplatten (1,50 x 2 m) auf Beinen, an einem Ende aufgebogen und tief gefurcht, in den Furchen stecken scharfe Steinsplitter, und darüber liegt eine dicke Glasscheibe. Es handelt sich ebenfalls um alte Eggen („Carretons de batre"), die wie Schlitten über die Felder gezogen wurden, wobei die Steinsplitter den Boden aufkratzten. Man findet sie fast nur noch (und sehr teuer) im Antiquitätenhandel.

Selten, aber immerhin, entdeckt man Dinge, die historisch sind, die man selbst gern haben möchte, und die angedübelt werden, obwohl sie überhaupt nicht zum Rest der Dekoration passen: schwere schmiedeeiserne Haken. Was sage ich – kleine handgeschmiedete Anker mit vier nadelscharfen, etwa 20 Zentimeter großen, in alle vier Richtungen gebogenen Dornen an einer Öse. Es waren

Angeln, die dazu dienten, das Seil mit dem Eimer aus einer Zisterne zu fischen, wenn es ins Wasser gefallen war. Ähnlich ein eisernes Gestell an einem Ring mit zwei Querstreben, etwa 30 x 20 x 10 Zentimeter groß, an denen acht kleinere Haken laufen, je vier in eine Richtung zeigend: Daran hing man auf den Bauernhöfen nach dem Schlachtfest die frisch gestopften Würste auf.

Nette Sachen, aber mehr interessant als hübsch, aber wenigstens alt und authentisch „mallorquin“. Generell haut mich nichts mehr um. Es sei denn, die Bitte einer Dame, ehemals Düsseldorf, jetzt Camp de Mar, die meinen Citroen 2CV, Baujahr 1972 und „Ente“ genannt, zu kaufen wünschte. Sie wolle das alte Auto in ihren 5000-Quadratmeter-Park stellen, ohne Räder und mit geöffnetem Verdeck, um im Wageninneren Gartengeräte dekorativ unterzubringen. „Das wäre doch wirklich schick“, meinte sie. Wirklich?

Aber man sollte milde sein. Geschmack ist eine Ermessensfrage, vor allem in der Fremde. Und das Lächeln der Mallorkiner über die Versuche der Ausländer, mallorkinisch wirken zu wollen, versöhnt mit vielem. Denn sie haben ja alles schon erlebt – bei den Karthagern, Römern, Westgoten, Vandalen, Byzantinern, Mauren, Katalanen, Festlandspaniern und nun eben bei den sich friedlich festsetzenden Eroberern, den Touristen.

Übrigens: So wie wir den Begriff Finca heute verwenden, hat er nichts mit der mallorkinischen Realität zu tun. Finca ist eigentlich ein mehrstöckiges Wohnhaus oder bäuerlich genutztes Stück Land. Erst durch den sprachlichen Missbrauch der Ausländer kam eine dritte Bedeutung in Gebrauch: ländliches Haus mit Grundstück drumherum.

Literatur: 2012 veröffentlichten Bettina Neumann und Eva von Oheimb den Fotoband „Trends & Lifestyle Mallorca“, das auf 248 Seiten meine Geschichte zu illustrieren scheint ...

ZURÜCK IN DIE STEINZEIT

Es passiert meist auf dem Land, gar nicht mal selten und vorzugsweise zwischen September und Dezember. Das liegt daran, dass die hektisch hingerotzten Leitungen und die oft aus krummen Bäumchen bestehenden Masten der touristischen Gründerzeit in die Jahre kommen und dem verschärften Wind nicht standhalten ...

„S'homo mana i sa dona fa lo que vol."

„Der Mann befiehlt und die Frau tut, was sie will!"

(Wunsch und Wirklichkeit ...)

Kein Mensch weiß noch, wie er sich zu verhalten hat, und wie ihm mitgespielt wird, wenn dauerhaft die Elektrizität ausfällt. Dann wird Mallorca zur Robinson-Insel, das Talayot-Zeitalter kehrt zurück.

Bei mir waren das fast drei Tage, 300 Meter hoch an einem Berg-hang, in meinem Haus in der Unberührtheit eines Naturschutzgebietes. Bei Windstärke, die folgendes bewirkt: Türen und Fenster scheinen offen zu stehen, auch wenn sie geschlossen sind, Dachpfannen rütteln, als wolle jemand durch die Decke einsteigen, Zypressen stehen so quer, dass sie bei extremen Böen die Erde küssen, und die Welt rundherum versinkt in graue Suppe, die ans winterliche Sibirien im TV-Hit „Soweit die Füße tragen“ erinnert ...

Wenigstens hat’s nicht geschüttet wie aus Kübeln. Hätte auch sein können. Schade eigentlich, dem Garten hätte ein Guss gut getan. Da igelt man sich ein, stellt Butanöfen auf volle Pulle und volle Pullen auf den Couchtisch. Ich dachte auch an Ohrenstöpsel, um die Nerven und damit das Gemüt vor dem Sturmgetöse zu schützen, verwarf die Idee aber, weil ich dann nicht gehört hätte, wenn das Terrassendach Abschied nimmt vom Haus, die Satellitenschüssel von der Verankerung oder mein Fahnenmast vom Vorgarten. Verließ ich das Haus, fielen mir die Ziegelsteine ein, die um 1900 auf den Zimmern des Hotels „Comerc“ in Figueras an der Costa Brava lagen. Mit dem Hinweis, wenn es besonders windig sei, solle man sich zwei in die Manteltaschen stecken, um nicht weggeblasen zu werden ...

Da passierte es: Als Rostock vom HSV das fünfte Tor eingeschenkt bekam, gingen auf der Trainerbank die Lichter aus – bei mir auch. Strom weg, aber Sicherungen alle drin. Was soll’s, dachte ich, 1,2 Kilometer entfernt steht ja ein Trafohäuschen. Eine Rattenbude mit den Sicherungskästen aller Bewohner der Gegend. Also Taschenlampe holen, Auto raus, runter fahren, Nager vertreiben, Sicherungen checken – komisch, alles okay. „Scheiß-Gesa“ entfleucht’s einem da. Die blöde Elektrizitätsgesellschaft. Was ungerecht war, denn überall blinkten die Häuser. Die hatten also Strom. Nur ich nicht.

Schon mal die Gesa am Samstag um 19 Uhr angerufen? Tun Sie’s nicht. Da können Sie auch im Vatikan anrufen und den Papst um Gottes Hilfe bitten.

Ich ergab mich in mein Schicksal. Auch wenn no Strom bedeutet: kein Licht, kein Wasser, keine Klimaanlage, kein Klo. Nun gut, man hat ja immer Kerzen im Haus, die Butanos heizen, im Kamin bullert's, Wasser gibt's in Flaschen und – gracias – funktioniert der Herd mit Gas. zwölf Stunden wird man überleben, Sonntag muss was passieren. Man weiß nur nicht, was. Gute Nacht!

Nichts ist passiert, nur ein Nachbar kam, ein Deutscher, und unkte rum: Er habe einen Blitz in fünf Meter Höhe bemerkt, sei raus und habe gesehen, dass der Orkan meine Stromleitung vom Masten gerissen und auf sein Kabel geschleudert habe. Dadurch sei auch er stromlos. Ich möge das, bitte, schleunigst reparieren lassen.

Recht hat er, der Mann. Da sind wir einer Meinung. Aber am Samstagabend? Das sei ihm egal, sagte er. Er habe frische Hummer im Kühlschrank, wenn die hinüber seien, müsse ich sie ihm ersetzen. Und überhaupt ... – Ich griff zum Stinkefinger.

Am Sonntagmorgen fiel mir im Getose des Orkans, der unvermindert blies, Senor Grimalt ein. 76, Elektriker in Manacor, zuverlässig wie der Sonnenaufgang. Ich rief ihn an (heutzutage hat man ja Handy) und er schüttelte hörbar den Kopf: „Ihr Kabel wieder auf den Isolator legen? Das ist Sache der Gesa. Das darf ich nicht.“ Da gibt's keinen Isolator mehr, teilte ich ihm mit. Der sei mit weggeflogen. Wieder hörte ich, wie er den Kopf schüttelte und „Gesa“ sagte. Wir trennten uns in Freundschaft.

Sonntag ist Sonntag. Auch auf Mallorca. So lernt die Not den Tag des Herren kennen, und der Herr ist stärker. Ich bekam Asyl im Winterhotel „Mayolet“ bei Manacor und wartete den Montag ab. Versuchte es noch bei Hacki, dem ambulanten Geheimtipp-Elektriker der Ostküste, aber der meldete sich aus München, wo er gerade bei Mama war. Er hätte mir, sagte er, sowieso nicht helfen können, weil er so ziemlich alles habe, nur keine Isolatoren für Strommasten.

Montag: Die Wolken-Nebel-Suppe zum Meer runter riss um 9.33 Uhr einen Spalt auf, ich sah eineinhalb Kilometer entfernt unten auf der Hauptstraße ein Blinken und griff zum Fernglas: ein maigrün-meerblau gestrichener Geländewagen, zwei Mann vor einem Betonmast: Gesa bei der Arbeit. Ich fuhr runter und überredete die Herren zum Blick auf mein Kabel, das durchhing wie Jan Ullrich bei seiner letzten Tour de France und jedes Mal, wenn der Sturm es gegen andere Kabel schubberte, kleine Blitze zündete und wie eine Königskobra zischte. Das klang nicht gut, sah aber interessant aus.

Wieder erntete ich Kopfschütteln: Das sei nicht ihr Bier, die Gesa sei nur verantwortlich für Leitungen bis zur Trafohütte, ab da und bis zu meinem Haus sei ich der Herr des Stromkabels. Das war mir neu. Das weiß, glaube ich, kaum ein Finca-Deutscher. Kurzzeitig verspürte ich Besitzerstolz auf 800 Meter Draht mit Elektrizität: Alles mein, ich - Partner der Gesa.

Ich versuchte es mit einem knisternden grünen Schein, aber die beiden Herren blieben hart. Das sei „muy illegal“, und wenn sie mein Kabel reparieren würden, sei das auch illegal. Sie grüßten freundlich und fuhren davon. Es muss ein neues Zeitalter angebrochen sein, unbemerkt von mir: die habgierlose Phase der Inselgeschichte. Schade eigentlich.

Ich möchte Sie auf etwas hinweisen: Man ist nicht wirklich in Not, wenn Licht, Waschwasser und Klimaanlage nicht funktionieren. Aber sind Sie schon mal bei Windstärke 8 mit einer Papierrolle aufs Feld geschlichen, haben sich frei schwebend niedergekauert und versucht, das zu tun, was Millionen von

Menschen in der Dritten Welt tagtäglich auf diese Weise tun? Man hat's verlernt. Zumal der Sturm so orkanisch war, dass ich mein Papier nicht in Stellung bringen konnte. Mich selbst auch nicht. Beim zweiten Mal hatte ich gelernt, einen Stock mitzunehmen, in den Boden zu rammen und mich daran zu klammern, um nicht in die eigene ... – na ja, das muss genügen.

Und glauben Sie ja nicht, dass es einfach ist, im Orkan Wasser abzuschlagen. Auch das gelingt erst beim zweiten Mal störungsfrei – wenn man begriffen hat, dass alles, was sich in der Luft bewegt, waagrecht dem Wind folgt. Aber die Erkenntnis nützt wenig, wenn man 20 Zentimeter über dem Boden hockt. Männer sind da nicht mehr im Vorteil gegenüber Frauen wie sonst. In so einem Sturm trifft's beide gleichermaßen. Man glaubt ja gar nicht, wie stark der im November sein kann. Da weiß man's.

Ich rief also wieder den alten Grimalt an, teilte ihm mit, ich sei der Herr des Stromkabels, nicht die Gesa, und er kam – am Dienstag. Mit zwei Mann und einem LKW unter einer hydraulischen Hebebühne. Was nach mucho Euro aussah, aber mittlerweile war mir Wasserspülung ein Vermögen wert. Die Drei legten die Trafohütte lahm, hievten sich zum Mast hoch, schraubten einen neuen Isolator ein und wollten gerade mein Kabel ums Glas schlingen – da schlug es der Wind gegen einen Draht, den keiner beachtet hatte und der zu meinem Nachbarn führte. Ein hübsches Elmsfeuer entstand. Das sah aus wie Weihnachtsbeleuchtung, zischte aber wieder kobra-artig. Da war Strom drauf. Obwohl sie das Trafohäuschen lahm gelegt hatten. Wie konnte das passieren? Hätten sie mein Kabel berührt, und sie waren nur Zentimeter davon entfernt mit ihren bloßen Händen, wären sie als Grillwürstchen in ihrer Hebebühne geendet. Und ich hätte lange, lange Zeit keine Elektrizität gehabt.

Mein Nachbar war schuld. Er hatte die Nerven verloren in seiner Stromlosigkeit und mit den nicht mehr ganz so frischen Hummern in seinem dunklen Kühlschrank. Da hatte er den Generator angeworfen und sich künstliche Elektrizität verschafft. Der war über sein Kabel in mein Kabel eingespeist worden. Was meinem Haus zwar keine Elektrizität verschaffte, aber dem alten Grimalt und seinen Helfern akute Lebensgefahr.

Wir haben meinen Nachbarn zu Viert so richtig zur Sau gemacht auf Deutsch und Mallorquin und seinen Generator gekillt. Da erloschen Elmsfeuer und Zischen. Mein Kabel kam auf den neuen Isolator und die Steinzeit war nach zwei Tagen und 16 Stunden vorbei. Glauben Sie mir: Man feiert danach mit hängender Hose im gekachelten Zimmer Wiederauferstehung. Das Spülgeräusch kommt Ihnen vor wie's Halleluja der Els Blavets im Kloster Lluc. Auch das Papier gehorcht wieder ...

Jetzt frage ich mich: Sind diese drei Tage Steinzeit der Preis dafür, dass ich romantisch in den Bergen lebe, an normalen Tagen 25 Kilometer sonnige Küste vor mir liegen habe, der lauteste Lärm, den ich je höre, das Bimmeln der Schafsglocken ist, und ich nie einen Nachbarn bekommen werde, der näher als 300 Meter wohnt, weil mein Haus im Naturschutzgebiet steht? Ja, das ist wohl so. Aber ich habe mir jetzt auch einen Generator bestellt. Generator & Grimalt – doppelt hält besser.

Ach, eins hätte ich fast vergessen: Ganz nebenbei entdeckte der nette Herr Grimalt, dass Nachbarn, ein Deutscher und zwei Mallorkiner, meine Leitung angezapft und seit Jahren Elektrizität auf meine Kosten bezogen hatten. Was meine hohe Stromrechnung und meine niedrige Spannung erklärte.

Wir haben sie abgehängt, nun sitzen die in der Steinzeit.

Spielen Sie Lotto. Bohren Sie nach Wasser!

Mit dem Wasser ist das so eine Sache. Man hat's gern, bekommt es aber nicht immer. Quellwasser ist das Gold aus der Tiefe Mallorcas. Da hilft auch der Wasserwagen (10 000 Liter für rund 46 Euro) nicht ewig weiter. Auf dem Land haben wir Zisternen, die der Regen genauso speist wie die Stauseen der Tramuntana, aber regnet's nicht, wird aus der Zisterne ein feuchtes Kellergewölbe. Da kommt der Gedanke auf, nach Wasser zu bohren. Unabhängig zu werden - von Quellenbesitzern, Stadtverwaltungen, Regen und Wasserwagen. Schon mal gebohrt? Experten bei der Arbeit gesehen, Geologen mit der Karte der Gesteinsschichten und Wundermänner mit Wünschelruten? Wenn beide nicken, kann man sicher sein, dass es Wasser gibt da, wo man wohnt. Aber in welcher Tiefe? Die Faustregel : 1 Meter tief bohren = rund 100 Euro Kosten. Die Folge: 100 Meter = 10 000 Euro.

Ein beliebter „Tatort"-Kommissar erlebte, dass der Bohrer auch bei 100 Meter trocken blieb. Was nun? 10 000 Euro investiert und kein Tropfen Wasser. Kann man da aufhören? Da setzt man sich ein Limit. Er tat es bei 200 Meter oder 20 000 Euro. Beides genügte nicht - wieder kein Tropfen. Ein grausiges Dilemma. Aufhören, kein Wasser haben und 20 000 Euro verschwendet. Was nun: Geologe und Wünschelruter? Beide bestanden darauf: Hier gibt's Wasser! Zähneknirschend ließ der Kommissar weiter bohren. Überschritt die 30 000 Euro-Marke und 300 Meter Tiefe. So kam er auf 35 000 Euro und 350 Meter - und scherzte, wie es so seine Art ist, ob er bald eine Zisterne in Neuseeland anbohren würde. Er beschloss bei 40 000 Euro und 400 Meter Tiefe aufzuhören und stieß bei 37 000 Euro und 370 Meter Tiefe endlich auf Wasser. Sein Wasser. Süßwasser. Es sprudelte, Geologe und Wünschelruter riefen „Siehste!" und der Star war ärmer, aber glücklich.

Nicht lange. Kurze Zeit später verkaufte er sein Haus samt Quelle. Der Käufer hat nun das fließende Wasser. Der Kommissar addierte natürlich die Kosten der Bohrung zum Kaufpreis, aber die Preise für Häuser auf Mallorca sind eh alle frei berechnet - nach individueller Habgier taxiert. Da fallen 37 000 Euro für die Bohrung nicht auf. Was bleibt, ist die Erkenntnis: Wer Lotto spielen möchte auf Mallorca, sollte nach Wasser bohren, denn in der Tiefe lauert der feuchte „El Gordo" ...

AUF DER LEBENSADER VON PALMA

Es ist die schattigste und die vielleicht nobelste Straße von Palma. Sie hat Event-Charakter und Marmorbänke, um an ihr teilzunehmen. Eine Wohnung unter dieser Adresse zu bekommen, ist für Ausländer unbezahlbar (weil die Hausbesitzer sie nicht wollen) – und nur eine Stunde dort zu sitzen, bedeutet große Oper zu erleben. Eine Reportage ...

„Si es vell pogues i es jove sabes, tot aniria be."

„Wenn doch nur der Alte könnte und der Junge wüsste, ginge alles gut!"

(Es wär' eigentlich alles so einfach ...)

„Sie ist das Eigelb der Insel, ihr Meridian, ihr Kern, ihr Herz und ihre Seele" , schrieb Santiago Rusinyol in seinem Buch „Mallorca. Die Insel der Ruhe" und widmet ihr die Seiten 21 bis 25. Unter ihr floss mal der Torrente La Riera, der zum Paseo Mallorca umgeleitet wurde. Seine Überschwemmung forderte am 14. Oktober 1403 mehr als 5000 Tote, 1500 Häuser wurden zerstört.

Aus der Katastrophe machte die Stadt das Beste: In der Schneise der Vernichtung wurden die luftigen und hellen Prachtstraßen Paseo del Borne, die Rambla und die Calle de la Union gebaut. Der Name Borne, so heißt es, rührt daher, dass hier früher Ritterturniere stattfanden – „borne“ bedeutet Lanzenspitze. Später nutzte die Inquisition diese platzartige Straße, um die Ketzer auf Scheiterhaufen zu verbrennen (1581 und 1645 starben dabei Hunderte).

Als mein Sohn Tim Thorer an der Borne einen „Cortado“ trank, fiel ihm diese Geschichte ein bzw. auf und er nannte sie: Am Puls von Palma ...

Alte Männer tapern gemütlich vor sich hin und füttern die Tauben. Bis sie sich setzen, den schicksten Frauen der Insel nachschauen und denken, dass es früher weniger von ihnen gegeben hat. Der Passeig des Borne ist die Flaniermeile der Ciutat, ihr Gedächtnis und generell eine vielseitige Angelegenheit. Für die einen ist sie ein Platz, für andere Straße, manchmal sogar Messehalle für Bücher und Delikatessen, ein gepflasterter Park, eine Fußgängerzone, ein Shoppingparadies oder einfach nur der Schatten von 28 Platanen, die im Wind rauschen und in der Windstille flüstern. Was daran liegt, dass ihre Blätter so dicht wachsen. Auf jeden Fall ist sie das Zentrum von Palma, führt vom Meer ins Land, von oben nach unten und umgekehrt, von Café zu Café, von Bank zu Bank. Eingeborene verabreden sich hier und Touristen betreten über sie die Stadt und wandern dabei von Königin zu König. Denn die Borne (das Borne, der Borne?) liegt zwischen Plaça de la Reina und Plaça Rei Joan Carles.

Ein Tourist ist immer in Eile. Weil Urlaubsstunden so kostbar sind. Das ist eigentlich unsinnig, aber wahr. Eingeborene sind klüger – sie tändeln auf der Borne. Der britische Urlauber in seinen kurzen Hosen zum Beispiel erlebt gerade eine Panikattacke, weil der Bus zurück zum Hotel gleich losfährt und seine Frau fehlt. Verschwunden in einem Laden. Der Brite schreit die Borne hinunter etwas, das nach „Errjettt!!!“ klingt, sie heißt wohl Harriett. Sinnlos, sie bleibt verschwunden, er rennt alleine zum Bus. Soll sie sehen, wie sie ins Hotel kommt. Ihr wird das auch lieber sein. Der Brite hatte kein Gefühl für die Schönheit der Borne und die Ruhe, die sie schenkt.

Obwohl Borne „Turnierplatz“ bedeutet, was Rückschlüsse auf früheres Treiben zulässt, hat sie in der Neuzeit fast sakrale Züge bekommen. Die Borne ist ein Ort der Magie, ein Tempel – wie alle Orte mit grünem Laubdach. Man spürt die Magie auf merkwürdige Weise: Links donnert der Verkehr, rechts auch, und in der Mitte ist es geradezu kirchenschiffstill. Die Borne, lassen Sie uns ruhig mal schwärmen, ist eine Schleuse zum Selenfrieden. Wenn nicht dauernd Handys klingeln würden wie eine Orchesterprobe der Philharmonie. Aber mit ein bisschen Phantasie nimmt man es als Zirpen der Zikaden.

Es fällt auf, dass Schritte verlangsamen, wenn man das Schattenreich betritt. Die Borne ist Zeitlupenzone. Innig kuscheln Liebespaare auf den Bänken, Einsame suchen nach Abhilfe, Ladys halten sich an Einkaufstüten mit Designerlogos fest, einer fragt am Kiosk nach „Bild“ von Heute, ein Penner mit sanften Augen schiebt seine Habe im Einkaufswagen, Verkäufer erholen sich bei einer Zigarette, zwei Geschäftsleute diskutieren, wie sie einen Dritten übers Ohr hauen können. Hunde jagen Vögel. Udo Walz, der Friseur, und Lambert Monet, der Galerist, kommen aus dem Kaufhaus im wunderbaren Casal Solleric. Weiter nördlich winkt eine grüne Neonschrift ins „Pilon“, wo man niedrig sitzt, aber großartig isst. Verbissen kämpfen lauffaule Autofahrer um die wenigen illegalen Parkplätze.

Kosmos Borne, und fast Konstante. Drumherum verändert sich die Welt, die Borne nur unwesentlich. Wo jetzt die Modeboutique Zara ist, war früher ein Kino. Ein Reisebüro klafft an der Ecke Borne und Constitucio, wo bis 1984 das Café Formentor war, das der Familie Miró gehörte und die vornehme Version der „Bar Bosch" war. Mit denselben Korbsesseln übrigens. Habgier der Erben schloss das Café, denn wer reich wird, will sich nicht mehr um ungebetene Gäste kümmern. Sehr schade.

Zwischen Boutique Farrutx und Taschenladen Buen Gusto öffnet sich eine Tür. Ein alter Mann im feinen Zwirn steckt seinen Caesarenkopf heraus und prüft die Außenwelt. Die Luft ist rein, worauf sein Spazierstock erscheint, dann er. Die Stimme seiner Frau ruft ihm noch was zu, aber er will nicht hören, was sie sagt, schließt die Tür und taucht in die Kühle der Borne ein. Denn das Laub oben und der Stein unten sind Verbündete im Kampf gegen die Temperatur.

Steht man beim Zeitungskiosk und blickt zum Meer, verengt sich die Borne, hat Perspektive. Das ist immer so bei Alleen, aber diese Perspektive glänzt auch noch, weil ihr Bodengestein geschliffen wurde zum Edelstein von den Fuß- und Schuhsohlen, die sie seit 180 Jahren betreten.

Sie hieß nicht immer Borne, sie war auch schon politisch Kind, wie ein verblichenes Schild beweist, das als Antiquität in der oberen Etage einer Häuserzeile hängt: Plaça del Generalisimo steht da. Franco-Platz. Nun ja, was bedeuten schon Namen? Das obere Ende, der Platz des Königs, muss sich auch gefallen lassen, dass man ihn Schildkrötenplatz nennt. Weil der Obelisk im Kreisverkehr auf dem Rücken von vier Schildkröten steht. So umgeht das kluge Palma politische Zeitläufte.

An Anfang und Ende der Borne beäugen sich zwei Sphinx-Pärchen aus Stein. Sie liegen da wie Löwen auf ihren Pfoten und sind doch Frauen, die gekleidet sind wie Pharaos. Man sagt, sie hätten der Aufklärung und Lust von Tausenden von Pubertären gedient, zumindest bis 1833, als ihre Brüste sehr viel üppiger und vor allem nackt waren. Dann schliff man sie auf Körbchengröße 75 A und steckte sie in Bustiers. Ein Festlandspanier muss das verfügt haben, sicher keiner dieser seit Tausenden von Jahren wild auf Busen fixierten Mallorkiner.

Wenn Sie das nächste Mal über die Borne flanieren, folgen Sie den Mustern im Gestein, diesem Parkett der Ewigkeit. Und träumen Sie nicht davon, hier zu wohnen. Hier an der Borne residiert das ganz alte, das sehr vornehme Palma in Erbpacht. Das ist so fein, dass ich noch nie einen kennengelernt habe, der hier wohnt ...

ALS DIE BASTSCHUHE QUALMTEN

Die Balearen-Universität in Palma legte 2006 eine Studie vor, nach der die Insel immer heißer und trockener wird. In 100 Jahren, schätzten die Autoren, beträgt die Temperatur-Zunahme rund 5 bis 6 Grad, während der Niederschlag um 30 Prozent abnimmt. Aber mir genügte schon der brütend heiße Sommer 2007, um fast dahinzuschmelzen ...

„Es abelles fan mel, pero piquen."

„Bienen machen Honig, aber sie stechen."
(Sonnen- und Schattenseiten einer Sache)

Der heißeste Mai aller Zeiten? 1999 mit durchschnittlich 20,8 Grad in Palma, 20,6 Grad in Sa Pobla und dem kurzzeitigen Spitzenwert von 34 Grad in Porreres am 31. Mai. Aber der Sommer 2007 brach alle Rekorde, und das nach einem verschneiten Winter mit vielen Minusgraden: Am Wochenende 16./17. Juli wurden in einigen Orten 40 Grad erreicht, der nächtliche Tiefstwert fiel selbst in den Bergen nicht unter 25 Grad. Noch im Oktober lag die Temperatur um 2 Grad höher als sonst, es war der wärmste Oktober seit 30 Jahren, bis zu 28 Grad wurden erreicht. Aber man sollte den November 1985 nicht vergessen: Da lag die Temperatur tagsüber bei 25 und nachts 22 Grad – so warm war es 50 Jahre lang nicht gewesen ...

Soweit zu den Statistiken der Metereologen. Die klingen heiß oder kalt, haben aber mit gefühlter Hitze oder Kälte wenig zu tun. Deshalb bestellte die „Mallorca Zeitung" im Herbst 2007 einen Kommentar bei mir: Sie wollten sich wohl netterweise überzeugen, dass ich den Sommer überlebt hatte und noch bei Sinnen war. Ich schrieb die Reportage: „Mein Gott, war das heiß!"

Dieser Juli war so tropisch sonnig, dass die Bäume den Hunden nachliefen, weil sie durstig waren. Stellte man eine kalte Tasse Tee auf die Terrasse, braute er sich von selbst. Die Kartoffeln auf den Feldern schrumpften derart, dass die Pommes nach Ansicht der Bauern im nächsten Jahr ein bis zwei Zentimeter kürzer sein werden. Und in Cala Murada erschoss ein Rentner seine Lebensgefährtin, weil sie beim Bügeln nur leicht bekleidet war und er ihr ansah, dass sie an Sex mit einem Anderen dachte. Da wurde ihm noch heißer und er drehte durch.

Aber was ist schon Hitze? Ich saß an jenem denkwürdigen Donnerstag, 27. Juli, in Portocolom, als es 42,5 Grad hatte. Der Hafenwind blies jedoch, Dieter Sögner vom „Colon" spendierte Servietten aus dem Eisfach und da fröstelte mich fast ein wenig. Tags zuvor, in Sa Pobla, erlebte ich nur 35,6 Grad, aber ohne die kühle Brise vom Meer. Da legte sich die Hitze wie ein Bleimantel um mich, zwang mich in die Knie und ich betrat mein Auto erstmals in diesem Jahr auf allen Vieren. Sa Pobla ohne Wind ist wie Sahara ohne Klamotten. Da würde es selbst einen Tuareg umhauen. Teutonen sowieso.

Besonders schlimm an der Hitze war, dass sie in Deutschland nur lachten, wenn ich die Temperaturen durchgab. Daheim war

Regensburg heißer als Rio und Marbach heißer als Marratxi. „Aber sitzt Du auch im Pool und schaust aufs Meer, während Du mit mir sprichst?“, wagte ich einen letzten Beeindruckungsversuch. Da brach die Verbindung ab – der Mann am anderen Ende hatte einen Hitzekoller erlitten.

Tagsüber ging's ja. Da konnte man flüchten. In den Schatten. Aber nachts gibt es keinen Schatten, nachts sülzt man sein Bett voll wie ein Ganzkörper-Nässer. Und erotisch unentwegte Männer hören den immer gleichen Satz: „Du bist wohl verrückt geworden?“ Stimmt ja irgendwie auch: Bewegte man den Kleinen Finger, verlor man einen halben Liter Wasser. Komischerweise meist aus dem Kopf. Stellte man die Klimaanlage auf volle Pulle, war man am Morgen grippös. Durchs offene Fenster drückten die Mücken ins Zimmer. Nur Kolonialherren besitzen noch einen Deckenquirl, die Glücklichen.

„Schatz“, sagte meine Frau nachts im Dunkeln zu mir, „weißt Du noch, diese Kreuzfahrt durchs Packeis am Südpol ...“.

„Ich danke Dir“, erwiderte ich tief bewegt. „Du findest doch immer die richtige Bemerkung zur rechten Zeit!“ Denn plötzlich schimmerte die Hitze bläulich und war für einen Moment angenehm kühl.

In Inca soll in diesen Tagen ein Lastwagen im schmelzenden Asphalt stecken geblieben sein. In Campos, heißt es, haben die Bastschuhe einer Marktfrau auf dem glühenden Gehsteig zu qualmen angefangen. Ich kann bezeugen, dass die Eiswürfel in meinem Gespritzten in weniger als drei Augenaufschlägen geschmolzen waren. Ich glaube auch gehört zu haben, dass meine Hausratte pfiff, als ich im Freien duschte, weil sie an meinem Strahl teilhaben wollte.

Ich bin dankbar für Hitze. Ich brauche den Winter nicht. Ich habe ihn lange genug gehabt. Hitze ist Licht. Licht ist Leben. Auf

Mallorca werden die Germanen jetzt Neger. Dermatologisches Multikulti. Ich werde ein Feuerwehrauto – so rot! Macht nichts. Mein Nachbar, Bäuerlein Jaume, winkt mit dem Strohhut und brüllt: „Mucho calor." Zu mehr reicht's nicht vor Hitze. Ich winke mit meinem Strohhut nicht zurück, ich bin doch nicht blöd. Lieber unhöflich als verbrannte Birne. Sekunden genügen. Bei mir.

Mein Hund verlässt das Haus nicht mehr. Da weiß ich: Es geht wieder gegen 40 Grad. Kluges Tier. Kurzhaarig wie Herrchen. Herrchen sitzt nackt am Computer, schreibt diesen Kommentar und tropft.

Der Pool ruft – tschüss!

BUDDELN AUF RÖMISCH

Was passiert eigentlich, wenn man mit einem Metallsuchgerät ein Feld scannt, von dem man weiß, dass es in einem von den Römern dicht besiedelten Gebiet liegt? Ich kann es Ihnen sagen, ich war als Archäologe unterwegs …

„Un sac buit no aguanta i un sac ple no se vincla."

„Ein leerer Sack kann nicht stehen und ein voller lässt sich nicht biegen!"

(Die Goldene Mitte – auf das richtige Maß kommt es an.)

Man muss das machen, wenn man möglichst alleine ist. Aus moralischen und juristischen Gründen. Irgendwie klaut man ja, oder versucht es wenigstens. Und laut ist es auch, die Metallsonde pfeift ja, wenn sie was gefunden hat. Sie wären überrascht, wie oft sie pfeift. Wie ein Asthmatiker, der Marathon läuft. Der Boden ist voll von Metall. So voll, dass man beginnt, die metallischen Antworten zu interpretieren: Kam das Echo aus größerer Tiefe oder aus dem Flachen, von einem großen Objekt oder von einem Winzling? Antwortete Gold, Silber, Eisen oder Schrott?

Klar, man sucht eine Bronzestatue von zwei Meter Größe. Ein Museumsstück: Eroberer Quintus Cecilius Metellus im vollen Wichs. Auch wenn man dann nicht wüsste, wie man ihn unbemerkt ausgraben und abtransportieren sollte. Leider kam mir der Feldherr nicht vor die Sonde. Aber sie piepte so oft, dass es klang wie ein Vogelkonzert. Ich musste mir was überlegen.

Zuerst habe ich eine Fläche abgesteckt: 20 mal 20 Meter auf einem Stück Brachland beim Amphitheater von Alcudia. Mehr schafft man nicht als Anfänger. Eine verwilderte Oase inmitten wüster Bauerei. Einsamer Ort im Getümmel. Kein Mensch zu sehen. Rundum Häuser wie ausgestorben. Land, das der Spekulation entzogen war, weil Archäologen es sperren ließen als römisches Erbe, dann das Interesse verloren und weiterzogen. Da musste einiges im Boden stecken.

Wenn man mich nicht verhaftete, als ich zu graben anfing nach einem günstigen Pfeifton.

Das erste, was ich fand, war ein Manschettenknopf, wahrscheinlich Silber mit kleinem Halbedelstein. Ich datierte ihn auf 1960. Nicht gerade das, was ich suchte. Es folgte ein daumennagelgroßer Pferdekopf auf einer Nadel, wohl aus Messing. Dann schlug die Sonde an wie ein Hund, der bellt: Da kam was Besseres. Es war eine Fibel aus Bronze, eine Spange zum Schürzen einer Toga. Zerbrochen zwar, aber ihre Fragezeichenform war erhalten. Jetzt war ich auf der richtigen Spur, die Römer ließen grüßen. Die Fibel hatte Grünspan angesetzt, war verunstaltet durch oxydierte Geschwüre und fast schwarz geworden. Danach kam viel Schrott der Neuzeit, unidentifizierbare Metallteile, Eisenklümpchen, Blechstücke und Draht in verschiedenen Stärken. Ich wollte schon aufgeben. Da meldete sich der erste Ring ...

Man muss sich das vorstellen: Schmuck, den vor mindestens 1600 Jahren ein Römer oder eine Römerin am Finger trug. Schwarze Kreise, die an einigen Stellen golden glänzten, ungeahnt schwer und so groß, dass ich ihn über meinen Kleinen Finger streifen konnte. Ich kam mir vor wie der Herr der Ringe, irgendetwas musste passieren, dachte ich, wenn ich den Ring trug. Ich suchte weiter, der Ring war der Talisman, der mir Erfolg bringen musste. Vielleicht fand ich jetzt doch die Metellus-Statue.

Es ist so: Sie scannen den Boden, die Sonde piept und nach einigen Versuchen lernen Sie aus dem Piepton, ob der Fund groß oder klein ist, tief oder flach liegt. Dann markieren Sie die Stelle, schnallen das Gerät vom Arm (dafür ist es mit Klettgurten ausgerüstet), nehmen sich das mitgebrachte Schäufelchen und beginnen zu graben. Fündig werden sie zwischen 10 und 30 Zentimeter Tiefe, meist so um die 15 Zentimeter. Ich finde das erstaunlich flach ...

Ich benötigte vier Stunden für meine 20 mal 20 Meter große Schatzsuche und am Ende schepperte fast ein Kilo Metall in meiner Plastiktüte von Caprabo. Denn nach der ersten ratlosen Stunde, in der Sie sich erstmal die richtige Technik der Suche aneignen müssen, spuckt die Erde die römischen Relikte nur so aus: Bis zu zwölf Zentimeter lange, handgeschmiedete Nägel aus der Bausubstanz der Villen, die hier einst standen. Kleine Vasen, die aussehen wie Zwerg-Amphoren, aber Knäufe gewesen sein müssen, vielleicht von Möbeln. Dicke Münzen, so groß wie 50-Cent-Stücke, verbogen und bis zur Unkenntlichkeit erodiert. Ein Löwenköpfchen, klein wie eine Erbse, vielleicht die Verzierung eines Schwertes oder eines Harnischs. Und immer wieder Ringe, in allen Größen und Stärken, leicht, schwer, geknickt und traumhaft schön erhalten.

Dazwischen, störend und sich als antik ausgebend, Schrott, wie er in jedem Straßengraben liegt. Unidentifizierbar wie Abfall aus einer Metallwerkstatt. Aber man wird schnell Experte, wenigstens glaubt man das. Man erkennt nach den ersten Stunden, ob etwas vor 30 Jahren weggeworfen wurde, weil es hoch in der Erde liegt, oder ob etwas begraben liegt seit 1000 Jahren und mehr, weil es tief aus der Geschichte kommt –man lernt, die Pfeiftöne der Sonde und die Geologie zu datieren.

Ich hatte nach vier Stunden 223 Teile aus meinem 400 Quadratmeter großen Grabungsfeld gebuddelt. Das klingt mühsam, aber ein Fundstück pro 40 mal 50 Zentimeter ist nicht übel, und manchmal lagen in einem einzigen Quadratmeter mehr als 20 Relikte. Wenn diese alte Erde nur nicht so steinhart wäre. Dazu so steinig. Wie Mallorca eben ist: ein Stich, ein Stein. Da gräbt man oft dem Piepton hinterher, schaufelt die Erde – und da ist nichts. Dann muss man die Sonde nochmal ansetzen, um die Metallspur in den zwei Handvoll ausgebuddeltem Geröll wieder aufzunehmen.

Der Hit sind die 40 Ringe, die ich fand. Ich habe sie gereinigt, poliert und einige verschenkt. Meine Frau trägt ein paar, und nach rund zwei Monaten am Finger verloren sie ihre Schwärze, wurden glänzend wie Gold oder Messing, behielten aber dennoch ihre antike Patina. Ich habe nie geprüft, ob sie wirklich aus Gold sind, es genügt doch, dass ein Römer oder seine Frau sie vor 53 Generationen trugen. Ja, schwer sind sie, zu schwer eigentlich für Messing. Aber was soll's? Das ist Schmuck, der aus der Geschichte kam, älter als der von Alberich, viel wertvoller als der kostbarste Ring von Cartier, behaftet mit dem Mythos der Historie, ein Juwel aus einer glorreichen Epoche Mallorcas. Als hätte man den abgerissenen Faden der Zeit wieder verknüpft, indem man am Finger trägt, was vor 1600 Jahren am Finger getragen wurde.

Den Rest der Funde habe ich sortiert nach Wert und Schrott, auf Pappe aufgezogen, beschriftete, gerahmt und an die Wand gehängt. Samt Manschettenknopf und Pferdekopf. Es sieht fabelhaft aus.

Bin ich ein Grabräuber? Nein, ich denke nicht. Wäre die Zweimeter-Statue aufgetaucht, ich hätte sie abgeliefert. Obwohl sie sich gut machen würde an meinem Pool. Ich habe nichts gefunden, was ein Museum gern haben würde. Ich bin nur hingerissen von dem, was so alles und immer noch in dieser Erde steckt. Denn wenn ich meine gerahmten Schätze betrachte, kommt immer ein sanfter Wind auf. Man nennt ihn den Hauch der Geschichte.

Wissenschaftler schätzen, dass es auf Mallorca etwa 3000 Fundstätten gibt, bisher sind 1500 erforscht. Dazu kommen rund 400 Talayots und 100 vorgeschichtliche Dörfer, in denen jeweils rund 100 Menschen gelebt haben dürften. An zehn bis 20 Fundstätten wird ständig gearbeitet, Zentrale der Ausgräber ist das Museo de Mallorca in Palma. Wer mehr wissen möchte: Archäologe Javier Aramburo, Autor Carlos Garrido und Zeichner Vincenc Sastre haben das schöne Buch „Guia Arqueologica de Mallorca“ publiziert (bei Olaneta). In den letzten 30 Jahren verschwanden allerdings rund elf Prozent der bekannten und sogar sichtbaren Fundstätten spurlos. Rund um Sineu gab es 1967 noch 46 – kaum glaubliche 18 haben sich in Luft aufgelöst. Man vermutet, dass sie ausgeraubt, untergepflügt oder als Baumaterial verwendet wurden. Dazu zählt zum Beispiel ein Teil der riesigen, erst in letzter Minute geretteten Nekropole Son Real bei Can Picafort.

Ständig sind Archäologen und Studenten unterwegs, um zu entdecken und zu retten. „Großbaustellen“, die praktisch jahrelang in Betrieb sind:
1. Bei Calvia, am Bergkamm Puig de Sa Morisca, wird ein Dorf aus dem 9. bis 2. Jahrhundert v. Chr. ausgegraben.
2. Closos de Ca'n Gaia bei Portocolom: Dort wurden zwei Navetas aus der Bronzezeit gefunden, aber was liegt drumherum?
3. Ses Paisses bei Arta: Ein Dauer-Fundort, aktuell geht es um zwei Häuser aus dem 7. und 5. Jahrhundert v. Chr.
4. Son Fornes bei Montuiri: Man hofft, seltene Gebäude aus der Talayot-Zeit mit rechtwinkeligem Grundriss zu finden.
5. Pollentia (Alcudia): Hier wird am östlichen Teil des römischen Forums gearbeitet. 2012 wurde ein komletter Tempel samt Altar gefunden.
6. Hospitalet Vell bei Cales de Mallorca: Zwei Navetas werden untersucht und restauriert.
7. Son Pereto zwischen Manacor und Sant Llorenc: Eine Begräbnisstätte aus dem 4. bis 5. Jahrhundert v. Chr. wird freigelegt.

Mallorkiner weisen mit purpurnen Schildern auf die Fundstätten hin.

Besonders interessant: Fundstätten, die das Meer an sich gerissen hat. Dort braucht man nicht einmal zu tauchen; man muss nur wissen, wo sie liegen, und kann im höchstens hüfttiefen Wasser zu ihnen waten. Es gibt eine schöne Stelle bei Colonia de Sant Jordi und das schon genannte Gräberfeld von Son Real bei Can Picafort. Unterwasser-Archäologie ist eine spannende, beliebte und lukrative Angelegenheit. In den 50er- und 60er-Jahren plünderten Taucher ungehindert Dutzende von Wracks, inzwischen kontrolliert die Guardia Civil alle Küsten per Schnellboot. Außerdem haben sich Wissenschaftler und Sportler in der professionellen „Grup de Arqueologia Submarina de Mallorca" vereinigt.

Gefunden werden vor allem römische Weinamphoren, die etwa 1200 Euro bringen, wenn sie intakt versiegelt sind. Aber selbst wenn man 248 Amphoren findet – auch nur eine unter der Hand zu verscherbeln, ist verboten. Getan wird es dennoch, jeden Tag. Ich könnte sofort eine besorgen ...

Ältestes Wrack ist übrigens ein phönizisches Schiff, das vor rund 2200 Jahren vor Dragonera sank, eines der jüngeren eine katalanische Barke aus dem 13. Jahrhundert, das dekorativste der französische Dampfer „El Golea" mit seinen zwei Schornsteinen: Er sank am 26. Mai 1931 auf der Route Port Vendres-Algier an der Küste bei Cala Rajada – erst zwei Jahre alt.

Das Mallorca-Auge

Es ist das Türchen, mit dem die im Meer lebende Kreiselschnecke ihr Häuschen verschließt und besteht aus einem Mineral namens Aragonit, ist weiß, pinkrosa oder braun und misst rund 0,5 bis 7 cm im Durchmesser – je nachdem, in welchem Alter die Schnecke das Türchen abwarf, weil es zu klein geworden war. Diesem Mineral, einem Kalzium-Carbonat, spricht man durch den starken Kalkgehalt eine beruhigende Wirkung zu, was gut sein soll gegen Nervosität und Müdigkeit.

Man findet das Auge nur an wenigen Orten, z. B. in der Cala Torta und anderen Buchten des Nordostens, versteckt am Boden, nicht unbedingt in Strandnähe, obwohl es angespült sein muss, und es blickt einen seltsam eindringlich an. Das Auge gilt als Talisman und Männer wie Frauen tragen es, gefasst in Gold und genannt „Piedra de Santa Luzia", an einem Kettchen oder zwei als Ohrringe.

Esoteriker bezeichnen das Türchen übrigens als „Shivas Auge". Der Wochenmarkthändler und Schmuckbastler Thorsten Dürr (zu erkennen an der benachbarten Bude seiner Frau mit den bunten Leinen-Outfits) führt das Mallorca-Auge in allen Größen und Varianten quer über die Insel.

GOLD UNTERM REGENBOGEN

Plötzlich stand er vor mir,
der Bogen aus sieben Farben.
Und er verflog nicht, als ich näher kam.
Er war riesig und leuchtete wie Neon-Reklame.
Sind Regenbögen auf Mallorca
anders?

„Amor i vi enganyen en es mes savi."

„Liebe und Wein vermögen den Weisesten zu täuschen."

(Niemand ist unfehlbar ...)

Dass Regenbogen nach Güssen auftauchen, ist bereits eine Kinderweisheit. Aber auf Mallorca sind sie anders als anderswo – breiter, niedriger, leuchtender und näher. Ich fuhr mal von Portocolom nach Felanitx, da sah ich einen besonders großen Riesenbogen jenseits von Felanitx in Richtung Porreres und fuhr zu ihm.

Es war nicht Habgier, die mich trieb. Zwar weiß man aus Märchen, dass dort, wo ein Regenbogen auf die Erde trifft oder ihr entspringt, ein irdener Topf vergraben ist, randvoll mit Goldmünzen gefüllt. Ich glaube das nicht, ich wollte nur sehen, wie die mallorkinische Variante funktioniert: Duschen in den Farben unter dem Regenbogen und ihn anfassen, weil das Glück bringt wie sonst nichts.

Ich sage Ihnen: Es funktioniert, oder fast. Je näher ich Porreres kam, desto gewaltiger wurde der bunte Bogen. Er mochte erst fünf, dann zehn, dann 20 und schließlich 50 Meter breit sein. Ein Bauwerk aus Licht, das sich von Porreres bis fast nach Sta. Margalida spannte und die Landschaft hinter ihm in die fünf Farben Violett, Blau, Grün, Gelb und Orangerot tauchte – die Tramuntana, das Tal zwischen den Bergen von Alaró und sogar die hässliche Zenemtwerksilhouette von Inca.

Der Regenbogen entzog sich nicht. Auch das ist mallorkinisch, denke ich. Je näher ich kam, desto breiter wurde er. Fast konnte ich sehen, wo er der Erde entstieg, er färbte schon die Mandelbäume in einem Feld links von der Straße spektral, und die sind keine fünf Meter hoch. Der Bogen flimmerte ein bisschen und die Farben gewannen an Intensität, schienen kein Luftgebilde mehr zu sein, sondern Pinselstriche am Himmel. Als habe der Liebe Gott dem berühmten Mallorca-Radler Llaneras, der ja aus Sta. Margalida kommt, sein Weltmeistertrikot entrissen und es über den Pla geworfen.

Mit mir fuhren andere langsamer auf der Straße nach Porreres. Auch sie hatten sowas noch nie gesehen. Manchmal stoppten wir, fuhren weiter, stoppten wieder, nur um uns klar darüber zu werden, dass der Bogen nicht verschwand, sondern größer wurde. Und dann, in einer Kurve, lag er vor uns, keine 50 Meter entfernt, wie es schien. Links erhob er sich bei einem Bauernhof, selbst die rotbraune Erde eines Feldes war bunt, überspannte die Straße und bog hoch oben ab nach Osten. Zum Greifen nah.

Was nun? Wir schlichen ihm entgegen, weil wir ihn nicht stören wollten. Weil wir Angst hatten, er könnte verschwinden, wenn wir uns ihm zu schnell näherten. Dann stand er so nah vor uns, dass wir aufblicken mussten zu ihm. Wie zur Rosette der Kathdrale. Sieben Ausländer und drei Mallorkiner, verbunden in der gemeinsamen Geste der staunend offenen Mäuler. Mein Gott, was vermag Mallorca nicht alles!

Ich kann nicht sagen, dass wir unter ihm durchfuhren. Wir haben es versucht im Schritttempo, einige von uns gingen sogar zu Fuß, aber – sagen wir mal –zehn Meter davor war er weg. Er leuchtete auch nicht über uns, auch nicht hinter uns, war also doch kein Bauwerk. Aber er tauchte wieder auf, ganz zart, in den Farben verschwimmend und als schmaler Streifen, als wir ein paar Kilometer gefahren waren und zurück blickten.

Natürlich weiß ich, dass Regenbogen nur entstehen, wenn die Sonne von hinten auf Sprühregen scheint. Aber es hat nicht geregnet. Da muss das Sprühen in der Luft stehen geblieben sein zwischen einem Weiler bei Porreres und der Gegend um Sta. Margalida.

Wir Zehn, die wir da mit offenen Mäulern standen, sind nicht mehr dieselben Menschen wie vorher. Denn wir wissen was wir erlebt haben. Nur – wem wollen wir unser Erlebnis erzählen? Wer glaubt uns? Wir können es uns nur gegenseitig immer wieder erzählen. Das macht uns zu einem winzigen Klub der Erleuchteten. Durch die fünf Himmelsfarben Violett, Blau, Grün, Gelb und Orangerot. Von der Schönheit der Insel und einem Phänomen, das es nur hier gibt, können wir berichten: Dem irdenen Topf am Ende des Regenbogens, der randvoll gefüllt ist mit dem goldenen Mallorca.

IST IHR SCHATZ NOCH AUF MALLORCA?

Sie nennen ihn „Spinner" und „Phantast", dabei erfüllt er sich nur einen Traum, den viele haben: Als Ritter leben, in die Welt der Sagen eintauchen. Denn Jose Miguel Nicolau aus Palma hat den Templerorden neu gegründet, der auf Mallorca besonders stark und reich war, da er sehr geschickt Nutzen zog aus der Landaufteilung durch König Jaumei I.

„Encara que sa moneia es vesteixi de seda, moneia es queda."

„Ein Affe wird selbst in Seide gekleidet immer ein Affe bleiben."

(Keiner kann sich ewig verstellen.)

Der Templerorden war von 1119 bis 1307 eine Weltmacht und besaß sagenhaften Reichtum. Als Nicolau ihn jetzt wiederbelebte auf Mallorca, nannte er ihn „Templebalear". Nun gibt es weltweit rund 400 Vereine, die sich auf diesen katholischen Ritterorden, der eigentlich „Arme Ritterschaft Christi vom Salomonischen Tempel" hieß, berufen. Aber auf Mallorca gehörten ihm bereits 1237 umfangreiche Ländereien, besonders um Pollença, und er zwang die Bewohner zu beträchtlichen Tributen. Vom Reichtum zeugen heute noch die Gumara-Festung, der Tempel in Palma und viele Straßennamen, die bezeugen, dass alles, was einst an ihnen lag, den Templern gehörte.

Aber um 1312 verlor der Orden alle Privilegien, als Papst Klemens V. ihn auflöste, König Philipp IV. von Frankreich seinen Besitz konfiszierte und viele Mitglieder auf den Scheiterhaufen schickte. Im gleichen Jahr übernahmen meist Adelige den Inselbesitz der Templer, die quasi in Nacht und Nebel aus Mallorca flüchten oder sich verstecken mussten. Seitdem geht in ganz Europe das Gerücht vom „Templerschatz" um, seitdem wird er gesucht – und da kommt Mallorca ins Spiel, denn hier wird der Schatz vermutet, und es gibt sogar einen Fernsehfilm darüber, mit dem griffigen Titel „Das Mallorca-Komplott". Wen das Thema gepackt hat, der wird diese Dokumentation von Gottfried Kirchner und das 1999 in Palma erschienene Buch „El templer i l'arquitecte" von Pere Morey i Servera verschlingen. Aber existiert der Templerschatz wirklich? Ist er auf Mallorca versteckt? Sucht ihn jemand? Ich bin den Fragen nachgegangen, musste mich bei vielen Details jedoch auf Gottfried Kirchner verlassen.

Es begann mit fünf Männern, die 1339 in die Drac-Höhle bei Portocristo stiegen. Das war ungewöhnlich, man interessierte sich nicht für Höhlen, fürchtete sie als Höllenschlund und Ort der Geister. Aber die Fünf drangen nicht einfach so in die Erde ein, sie holten sich die Genehmigung beim Landvogt von Manacor, der informierte den Insel-Gouverneur, die Schreiben sind erhalten. So wissen wir von der Expedition.

Aber es steht kein Wort über die Templer in den Dokumenten. Klugerweise. Jeder wusste jedoch, um was es ging, man liest das zwischen den Zeilen: Um den Schatz dieser mächtigen Organisation, die erst 27 Jahre zuvor zerschlagen worden war. Um goldene Pokale, silberne Prozessionskreuze, kostbare Schatullen, Münzsammlungen, Säcke voller Edelsteine, die man den Arabern geraubt hatte, um wertvolle Handschriften und unschätzbare Seekarten, diese Schlüssel zur erfolgreichen Schifffahrt.

Die Drac-Höhle war klug gewählt: Sicher hatten die Ritter ihren Schatz nicht dort versteckt, wo sie geherrscht hatten, da hätte man zuerst gesucht. Höhlen, die außerhalb lagen, boten sich an. Aber welche? Die Templer besaßen Grundbesitz in Palma (dem Machtzentrum), in der Tramuntana (weil hier die Wälder standen, mit deren Holz sie ihre Schiffe bauten) und im Nordwesten rund um Pollença (wegen der guten Häfen). Im Süden und Osten waren sie kaum vertreten, also boten sich die Höhlen von Arta und Drac an. Sie lagen nah genug zur Tramuntana und zu Pollença, um den Schatz, der sicher voluminös war, über Land oder See zu transportieren. Quer durch die ganze Insel in den Süden, das erschien den Templern wohl als zu riskant. Die Arta-Höhle war Piratennest, zu populär, zu gefährdet, zu erforscht. Von Drac war nur die bloße Existenz bekannt (die Höhle von Hams nebenan wurde erst 1906 entdeckt). Wenn überhaupt, so könnten die Ritter gedacht haben, war ihr Schatz nur in Drac sicher. Eine Vermutung, der auch die fünf Schatzsucher 1339 gefolgt sind, und die bis heute steht, auch wenn bisher nichts entdeckt wurde.

Oder doch? Es gibt eigenartigerweise kein Dokument, das belegt, was vor fast 700 Jahren gefunden wurde. Das ist verdächtig. Hätte man bei einer so groß angelegten, fast offiziellen Suche hinterher nicht wenigstens erfahren müssen, ob sie ein Fehlschlag war? Aber dokumentarisch blieb nichts übrig, es muss aber ein Resümee gegeben haben. Warum diese Geheimnistuerei? Erklärlich nur, wenn die Fünf etwas entdeckt hätten ...

Wie reich die Templer allein auf Mallorca waren, erkennt man aus dem „Libre del Repartiment“, dem „Buch der Aufteilung“, das ein Katalog aller Kostbarkeiten ist, verfasst nach der christlichen Eroberung der Insel von den Mauren. Da waren den Templern, die an vorderster Front gekämpft hatten, „389 Häuser, 54 Werkstätten und 4 Backöfen“ zugesprochen worden. Es gibt eine Mallorcakarte ihrer Besitzungen, auf der sieht man, dass ihnen ganze Landstriche gehörten.

In den folgenden 80 Jahren waren sie dann zu mächtig geworden, ein eigener Staat, zu unabhängig für den König und den Papst. Also zerstörte man den Orden ab 1307 planmäßig durch einen Justizskandal, bei dem man ihnen Ketzerei, Götzenverehrung, Homosexualität, Sodomie, Schwarze Magie und Amtsmissbrauch vorwarf. Es hieß, man müsse die Kirche von ihnen „reinigen“, in Wahrheit ging es um Habgier und Eifersucht – man wollte sich ihre Reichtümer aneignen, ihre Macht brechen. Letzteres gelang, ersteres nicht ganz: Der sagenhafte Schatz der Templer wurde nie gefunden. Als man ihren Besitz plünderte, war er nicht komplett. Wo ist zum Beispiel der heilige Gral, ihre größte Kostbarkeit?

Irgendwo muss der Schatz sein. Auf Mallorca? Sicher derjenige Teil, den sie hier horteten. In der Drac-Höhle? Wahrscheinlich, warum sonst stiegen dort schon 1339 die fünf Männer ein, als das Wissen um die Geheimnisse der Templer erst 27 Jahre alt war, aber kaum etwas größer als die Angst vor den Tiefen der Erde? Diese Expedition ist das stärkste Indiz, gepaart mit dem seltsamen Umstand, dass sie kein dokumentiertes Ergebnis aufzuweisen hat. Deshalb wird weiter gesucht – und spekuliert. 2011 veröffentlichte der seit 1998 in Arta lebende Bauingenieur Ralf Kelten sein Buch „Die Mallorca-Bruderschaft“, in dem er diese

Höhlenexpedition zu einem phantasievollen Action-Krimi ausbaut, der aber leider voller Schlampereien steckt.

Die klugen Templer könnten allerdings eine falsche Spur gelegt haben. Vielleicht kannten sie eine andere Höhle, die bisher nicht entdeckt oder vergessen wurde, oder die sie zuschütteten nach dem Verstecken des Schatzes. In jedem Fall gilt: Keine Legende, in der nicht Wahrheit steckt, hält sich fast 700 Jahre ...

Apropos Spuren: Man findet sie überall und manche sind so geheimnisvoll angeordnet, dass man Botschaften vermuten muss, zum Beispiel in der Kirche von Porreres und in einem uralten Palais in Vilafranca, das seit dem 13. Jahrhundert von derselben Familie, ehemals Templer, bewohnt wird. Und im Militärmuseum in Palmas Castillo de San Carlos werden Relikte der Templer in einem eigenen Raum gezeigt. Zum Schatz gehörten sie allerdings nicht ...

EINST SÖLDNER, HEUTE SPORTLER

Sie waren die begehrten Söldner des Altertums, weil sie eine menschliche Artillerie waren: Mit ihren Schleudern schossen sie Steine und Metallkugeln derart scharf, dass sie Stadtmauern zum Einsturz bringen konnten. Es war einmal? Nein, die Mallorkiner pflegen diese kriegerische Kunst, und wer die „Honderos" dabei beobachtet, gerät ins Staunen …

„Abans s'agafa un mentider que un coix."

„Man fängt schneller einen Lügner als einen Lahmen."

(Lügen haben kurze Beine.)

Es ist ihr uralter Nationalsport, immer wieder missbraucht von Eroberern, die die Mallorkiner in ihre Heere zwangen und in fremde Gegenden führten, zum Beispiel Germanien, um hinter den Reiter- und Fußheeren die Artillerie aufzubauen. Ihrer Kunst, Geschosse raffiniert zu schleudern wie sonst keiner, verdanken die Balearen angeblich ihren Namen – vom Griechischen „ballein" für werfen. Die Griechen nannten die Balearen allerdings, so schreibt Diodorus, auch Gimnesiae, weil ihre Einwohner nackt herumliefen wie die Sportler damals. Beliebter ist im Moment die Rückführung des Namens Balearen auf das Phönizische, allerdings mit gleichem Hintergrund: Ba' 'le heißt „Meister von" und yaroh „werfen". Ba' 'le yaroh, abgeschliffen zu Balearen, bedeutet also „Meisterwerfen".

Auch der römische Dichter Virgil (70–19 v. Chr.) erwähnt die schleudernden Mallorkiner, allerdings bringt er klimatisch etwas durcheinander: Sie gingen angeblich mit den Schleudern auf die Jagd, „wenn der Schnee tief liegt und die Flüsse über das Eis fließen".

Wie beliebt die „Honderos" im Altertum waren, zeigt die Skurrilität ihres Söldnertums: Hannibal zog mit angeblich 9000 Mallorkinern über die Alpen gen Rom, aber Caesar nützte sie ebenfalls als Artillerie seiner gallischen Legionen, und als Karthago fiel, wurde es von Mallorkinern sturmreif geschossen – und von Mallorkinern verteidigt.

Bei Seeschlachten war es ihre Aufgabe, die gegnerischen Segel zu zerstören.

Die Insulaner waren mit drei Schleudern ausgerüstet: 1. Die für größere Entfernung, etwa 80 Meter, am Gürtel. 2. Die für mittlere Weiten, circa 40 Meter, in der Hand. 3. Die Waffe für den „Nahkampf", um den Kopf gebunden.

Kurios ist, dass sich die Steinschleuderer ihre Dienste nicht in Gold und Silber, sondern in Frauen und Wein auszahlen ließen, weil die Anführer erkannt hatten (so die Überlieferung): Das Metall nützt uns auf unserer Insel wenig, aber von Wein und Frauen haben wir auch in Friedenszeiten etwas ...

Bis heute werden Schleudern kunstvoll aus Leder, Naturfasern, Tierdarm oder Rosshaar hergestellt. 1906 wurde der Sport verboten, nachdem einer versucht hatte, einem Mann die Pfeife aus dem Mund zu schießen und ihm ein Auge zerstörte.

Ein Mann kämpft unermüdlich für die internationale Anerkennung: Gabriel Frontera (*1924 in Llubi) mit seinem Verein „Federacio de Tir amb Fona“. Zentrum ist Campanet, aber in 40 Schulen wird der Nationalsport als Unterrichtsfach gelehrt. Ein besonders aktiver Klub ist Lloseta.

Zu den gepflegten Legenden gehört, dass ein Top-Schleuderer eine Metallkugel derart schnell durch die Luft werfen kann, dass sie durch die Reibungshitze schmilzt.

Ein Steinschleuderer in Erz steht unterhalb der Almudaina im Königsgarten, verliert aber regelmäßig seine Schleuder, weil Diebe sie ihm entwenden.

Die berühmteste Darstellung der Mallorca-Krieger zieht sich um die Trajanssäule in Rom, von den dankbaren Dienstherren erzern verewigt.

Dass Geschoss nicht Geschoss ist, zeigt die Vorliebe für „Brunis“ Das sind Steine, die beim Fliegen „singen“, das heißt: surrende Geräusche von sich geben.

Der moderne König der Schleuderer ist Joan Guerrero Munoz aus Lloseta: Er wurde 1990–1996 und 2000–2002 balearischer Meister. Der Weltrekord an Weite plus Präzision ist nahezu unfassbar: Ein Mallorkiner traf eine 20-Zentimeter-Scheibe aus 177 Meter.

Anatomische Bemerkung: Der englische Professor John Cameron entdeckte an Skeletten der Krieger Veränderungen gegenüber „normalen“ Insulanern. Denn durch das Rotieren des Armes zum Schleudern der Steine seit frühester Kindheit war der Oberarmknochen (humerus) verbogen und auch das Schulterblatt (scapula) war deformiert, was auf eine Überentwicklung des dort sitzenden Muskels hinweist, der die Kreisbewegung des Arms ermöglicht.

Ein literarisches Denkmal setzte der französische Schriftsteller Gustave Flaubert den Steinschleuderern in seinem Roman „Salammbo".

Kontakte: Federacio Tir de Fona, Tel.: 662 13 40 66 (Mateu Canellas), www.tirdefona.com und federacio@tirdefona.com

EIN MANN ERFINDET MALLORCA

Wer war eigentlich dieser österreichische Adelige, an dem man auf Mallorca nicht vorbei kommt? Er war der eigentliche Entdecker der Insel. Was er erforschte und bewahrte, schrieb und zeichnete, das hat bis heute Bestand. Eine von Legenden und Gerüchten umrankte Gestalt …

„Alla on va es bou, va es picarol.“

„Dem Esel folgt stets der Pflug.“

(Der Apfel fällt nicht weit vom Stamm.)

In seinen Adern floss das Blut der Medici, der Habsburger und der Polen-Royals. Sein Vater Leopold II. war der letzte König der Toskana, sein Bruder Ferdinand IV. der Großherzog der Toskana und er der Neffe von Kaiser Franz Joseph II. Sein offizieller Name: Erzherzog Ludwig Salvator von Habsburg, Lothringen und Bourbon (1847–1915), auf Mallorquin Lluis Salvador oder L'Arxiduc genannt. Er wurde im Palazzo Pitti in Florenz geboren, kam 1867 auf die Insel, blieb bis 1915 und kaufte sieben ausgedehnte Liegenschaften, sodass ihm praktische die gesamte Serra de Tramuntana zwischen Deia und Valldemossa gehörte. Ihm ist es durch diese massiven Landkäufe und schon damals ökologisch motivierte Verbote zu verdanken, dass dieser Landstrich bis heute schön ist. Ludwig Salvator untersagte zum Beispiel das Fällen von Bäumen, und gestürzte Bäume durften nicht zu Brennholz zersägt werden, sondern wurden dekorativ in seine Häuser eingebaut.

Überliefert ist folgender Dialog mit einem Bauern, der den Erzherzog anstarrte und auf die Frage, warum er dies tue, erwiderte: „Ich wollte mal den Mann kennenlernen, der so viel Geld für diesen verfallenden alten Gutshof Son Marroig gezahlt hat."

Darauf Ludwig Salvator: „Täuschen Sie sich nicht. Der Wert des Felsen La Foradada allein macht den Preis, den ich bezahlt habe, unbedeutend – ich denke sogar, ich habe ein Geschenk bekommen!"

La Foradada ist die Landzunge mit dem Loch, das beliebteste Postkarten- und Leinwand-Motiv der Insel ...

Der deutsche Schriftsteller Albert Vigolais Thelen nennt den Erzherzog „den größten aller Fremdlinge, die je an den Strand von Mallorca verschlagen wurden" und behauptet in „Die Insel des zweiten Gesichts", Ludwig Salvator habe Mallorca auf einem U-Boot verlassen – aber 1915, im Ersten Weltkrieg? Das war wohl eher eine der vielen Legendenbildung. Das Ende des Erzherzog war traurig: Er starb auf dem böhmischen Schloss Brandeis an Elephantiasis, so hieß es damals, aber es war wohl eher Akromegalie, die krankhafte Vergrößerung des Kopfes und der Gliedmaßen. Man erkennt das auf den wenigen Fotos, die es von ihm gibt. Begraben wurde er in der Wiener Kapuzinergruft neben den anderen Habsburgern.

Zur Legende nicht nur am Wiener Hof wurde seine Liebe zur Tischlertochter Catalina Homar (1869–1905), die er auch dann nicht verließ, als sie nach einer gemeinsamen Nahostreise an Lepra erkrankte. An der Intensität und Körperlichkeit der Beziehung wird aber neuerdings gezweifelt, zumal Ludwig Salvator sexuell wohl eher vielseitig war, geheiratet hat er die Mallorkinerin jedenfalls nicht. Catalina Homar war offiziell die kluge und begabte Verwalterin der Weinberge und der Erzherzog nahm sie sogar an den Wiener Hof mit, wo sie sich fabelhaft schlug. Kaiserin Sisi soll sie „entzückend" gefunden haben. Ihr Mann, Kaiser Franz Joseph, ließ sich sogar zu der Bemerkung hinreißen: „Man sollte es nicht laut sagen, aber Catalina ist die außerordentlichste Frau, die ich in meinem langen Leben kannte."

Bemerkenswert: Obwohl Catalina Homar kaum Schulbildung besaß, erlernte sie mehrere Sprachen und war eine wertvolle Mitarbeiterin Ludwig Salvators auch bei seinen wissenschaftlichen Arbeiten. Das Palais, das der Erzherzog für sie baute, gehört heute dem Schauspieler Michael Douglas und der österreichische Komponist Paul Walter Fürst (*1926), Mitglied der Wiener Philharmoniker, machte Catalina Homar zur Heldin einer Oper, die am 26. April 2002 in Baden bei Wien uraufgeführt wurde.

Ludwig Salvators ursprünglich zehnbändiges Werk „Die Balearen" (1884) – insgesamt schrieb er 79 Bücher, darunter 15 über Mallorca und die Balearen – ist bis heute das umfassendste Buch über die Inseln. Es gibt auch eine zweibändige „Volksausgabe" von 1897 und 1914 und dazu mehrere Bücher, die sich mit Teilaspekten befassen, aber das Original ist ein antiquarischer Schatz. 2002 kostete allein einer der zwei Bände über „Menorca" bei Cartolibri in Palma als Erstausgabe 3907 Euro. Jeder andere der neun Bände von 1897 ist 2000 bis 4000 Euro wert – je nach Habgier der Antiquare. Selbst Nachdrucke, um 1914 entstanden, kosten mehr, als mancher Rentner in Cala Murada pro Monat zum Leben hat.

Dass sie so teuer sind, liegt an ihrer minimalen Auflage: Der Erzherzog ließ nur 600 bis 800 Exemplare drucken und die gab's nie zu kaufen: Er verschenkte sie an Freunde, Honoratioren und Bibliotheken. Diese 30 mal 23 Zentimeter messenden Bücher sind also von der Fläche her das Kostbarste, was es auf Mallorca gibt. Aber plötzlich – oh Wunder: Klickte man im Sommer 2006 eBay an, war alles zu haben. Bei einigen Bänden begann das Bieten bei 100 Euro, bei anderen um 2000 Euro. Kein Buch ging unter 115 Euro weg, einige für fast 3000 Euro. Was war geschehen? Peter Kroll-Vogel, Journalist, Schriftsteller, Hobbyhistoriker, Ex-Wirt der „Nixe" in Port d'Andratx und fanatischer Ludwig-Salvator-Sammler, hatte seine phantastische Bibliothek an ein Antiquariat in München verkauft – rund 300 Erzherzog-Bände! Sie gingen nach Italien und Griechenland (rund 200), Österreich (20), Deutschland (10), USA (5) und Gibraltar (3). Nur ein Buch kam zurück, ein „billiges" für 115 Euro. Ich hab's gekauft.

Seit 2008 kann man „Die Balearen in Wort in Bild" im Internet lesen, allerdings ist der Klick kompliziert:

www.ludwigsalvator.com/digi/balearen1/index.php

Um endlich mal Klarheit in die vielen Originaldrucke und Raubkopien zu bringen, hier die chronologische Liste seiner Werke, die sich mit Mallorca beschäftigen. Wobei man beachten muss, dass später einige Kapitel des Gesamtwerks „Die Balearen" als selbstständige Bände publiziert wurden:

1. Beitrag zur Kenntnis der Cleopteren-Fauna der Balearen (Prag 1869)
2. Die Stadt Palma (Leipzig 1881, Palma 1981)
3. Die Balearen in Wort und Bild geschildert (Leipzig 1869–91/Würzburg 1897 – 9 Bände)
4. Rondayes de Mallorca (Würzburg 1895)

5. Märchen aus Mallorca (Würzburg & Leipzig 1896, Palma 1982)
6. Die Balearen (Leipzig 1869–91/1897, Palma 2002 – 2 Bände)
7. Las Baleares (Palma 1886)
8. Märchen aus Mallorca (Würzburg & Leipzig 1895/96, Palma 1996)
9. Voci di Origine Arabe nelle Lingua delle Baleari (Florenz 1901)
10. Catalina Homar (Prag 1905)
11. Was mancher wissen möchte (Palma 1909)
12. Winke für den Besucher von Miramar (1909)
13. Indicaciones a los que visitan Miramar (???)
14. Die Felsenfesten Mallorcas (Prag 1910)
15. Lo que se de Miramar (Palma 1911)
16. A few hints for visitors of Miramar (Palma 1912)
17. Porto Pi in der Bucht von Palma de Mallorca (Prag 1914)
18. Auslug- und Wachtürme Mallorcas (Prag 1916)
19. Los Pueblos de Mallorca (Palma 1956)
20. Mallorca, parte general (Palma 1963)
21. Torres y atalayas de Mallorca (Palma 1983)
22. Las Baleares por la palabra y el grabado (Palma 1991)
23. Dibuixos (Barcelona 1994)
24. Zeichnungen (Palma 1994)
25. Las Baleares descritas con palabras y dibujos (Palma ???)
26. Costumbres de los Mallorquines (Palma 1956)
27. Cuentos de Mallorca (Palma ???)

Den Besitz des Erzherzogs erbte nicht etwa Österreich, sondern Antonio Vives, sein Sekretär, der ihn auf Reisen begleitete, samt seinen vier Kindern aus zwei Ehen, zuletzt mit Aina Ripoll. Die Erbengemeinschaft heißt deshalb heute Vives Ripoll, hat rund 20 Mitglieder in vier Zweigen und wird vom Arzt Dr. Sevilla vertreten. Seiner Frau Silvia und ihrer Schwester Isabel gehört(en) ein Viertel des Erbes, darunter die Prunkstücke Miramar und Son Marroig. Son Galceran besitzt die Milliardärsfamilie March, S'Estaca, wie gesagt, Michael Douglas. Öffentlich ist wenig: In der Kartause von Valldemossa gibt es einen Raum mit Erinnerungsstücken, ebenso in Son Marroig und dort befinden sich auch die Reste seines „Museo Balear". Es kann von Innen besichtigt werden, der Rest der Liegenschaften nur von Außen.

Jose Maria Sevilla ist der Ehemann der Enkelin von Antonio Vives. Er war der erste, der 2005 in einer Studie bewies, dass der Erzherzog unter Akromegalie litt. Deshalb habe er in späteren Jahren Fotos verweigert, denn auf den wenigen, die es gibt, hat er tatsächlich einen zum Körper unproportional riesigen Kopf.

Ein schöner Satz des Erzherzogs über Mallorca: „Man sieht kein einziges Schiff am breiten Horizont, nur imaginäre Schiffe kreuzen ihn, und doch entsteht kein Gefühl der Einsamkeit, wie man es in den Höhen des Gebirges erfährt; dort ist eine Welle, die wirkt, als umfange sie in einer gigantischen Umarmung die ganze Welt."

Das Hotel „Nixe Palace" in Palmanova (benannt nach der Yacht des Erzherzogs) bietet ein Prunkstück: In der Lobby steht das Bett von Ludwig Salvator, ein königliches Möbel mit ausladenden Schnitzarbeiten, üppiger Vergoldung und einer Krone als Baldachin, aber nur 1,70 Meter lang, weil der Erzherzog nicht gerade ein Riese war. Der frühere Hotelbesitzer hatte es in den späten 50er-Jahren auf einer Auktion gekauft.

Pech hatte der Erzherzog mit Statuen, die auf Mallorca zu sehen sind:

1. Für die verstorbene Catalina Homar ließ er beim italienischen Bildhauer Giulio Monteverde zwei Gestalten aus weißem Marmor schaffen: Catalina betet in mallorkinischer Tracht zu

Jesus, der die Gesichtszüge des Erzherzogs trägt. Das Monument steht im Garten von Son Moragues, aber er selbst hat es nie gesehen, da er Mallorca bereits seit zwei Monaten verlassen hatte, als die Figurengruppe eintraf.

2. Ludwig Salvators erster Sekretär, der Böhme Wladislaw Vyborny, hatte sich in ein Mädchen aus Palma verliebt und bat um eine Kutsche, um sie zu besuchen. Der Erzherzog, Vybornys Liebhaber und rasend eifersüchtig, verweigerte sie ihm, worauf der Sekretär den 25 Kilometer langen Weg zu Fuß ging, obwohl Hochsommer war, in Palma ein kaltes Getränk zu sich nahm und einen tödlichen Hitzschlag erlitt. Den Leichnam ließ Ludwig Salvator einbalsamieren und zu Vybornys Mutter nach Böhmen überführen, später schickte er eine Marmorstatue des Mailänder Bildhauers Antonio Tantardini („Engel erweckt den 24-Jährigen“) nach. Aber die Mutter, die den Erzherzog für den Mörder ihres Sohnes hielt, verweigerte die Annahme und sandte sie zurück. Sie steht im Park von Miramar.

Neben Peter Kroll-Vogel gilt ein weiterer Deutscher, Hans-Dieter Henrich aus Gelnhausen bei Frankfurt, als der engagierteste und erfolgreichste Sammler von Erzherzog-Devotionalien, er schreibt auch über ihn.

Kuriosum: In blauen Buchstaben auf goldenem Grund steht am Tor von Son Moragues „Museo Balear“ – aber das existierte nie. Zwar plante der Erzherzog ein „Museo Industrial Agricolo“, konnte es jedoch nicht realisieren und da der Hinweis schon angebracht war, ließ er ihn hängen. Das Gut wurde im Sommer 2007 an die spanische Industriellenfamilie Entrecanales, Besitzer des Bau- und Reederei-Konzerns Acciona, verkauft.

Son Marroig: Der Palast gehörte einst einem Mallorkinern, der nach einem Überfall der Berber verschleppt worden war und nie mehr auftauchte, das Haus wurde geplündert. Der Erzherzog kaufte also eine Ruine, restaurierte sie aber nach den Originalplänen. Das Tempelchen kopierte er nach einem ähnlichen Bau in den Pallavicini-Gärten in Pegli bei Genua und dazu verwendete er weißen Marmor aus Saravezza bei Carrara.

Ludwig-Salvator-Gesellschaft in Wien: www.ludwig-salvator.com

Welch feine Reime aus dem Volke ...

In seinem Familienroman „Das Puppenkabinett des Senyor Bearn" schreibt Llorenç Villalonga: „ ...die Geschichte Mallorcas, die an Schriftstellern nicht eben reich ist, abgesehen von den Dichtern, von denen es einige und gute gibt ...". Tatsächlich ist die Dichtkunst quicklebendig. Vor allem Frauen scheinen Tag und Nacht zu reimen.

Im Städtchen Lloseta bei Inca wurde sogar ein „Klub lebender Dichter" gegründet, dessen Mitglieder sich regelmäßig treffen, vorlesen, kritisieren und so mit feinen Verbal-Skalpellen an der zeitgenössischen Sprache arbeiten. Der Klub heißt „Poetes Joves a Lloseta" und ist wieder ein Beweis, wie stark die Kultur auf Mallorca ist - und kaum ein Ausländer merkt's.

Mallorcas Besonderheit: Die Insel hat eine eigene Sprache, die das Selbstverständnis der Bewohner prägt und der Ausdruck ihrer Unverwechselbarkeit ist - und die hat sich, entgegen der allgemeinen Annahme, längst vom Katalanischen abgekoppelt. Zumal sie starke Elemente aus dem Arabischen, Französischen und Deutschen enthält.

Es gibt extrem viele Dichter, die dem Volk lange aufs Maul schauen oder geschaut haben, ehe sie zur Feder griffen: Sie wollten sich erst sicher sein! Aber als sie dann endlich reimten, drangen sie tief in die Seele der Menschen vor, denen sie so lange gelauscht hatten.

Deshalb verwundert es nicht, dass der früheste Volksdichter, ***Dioniso Silvestre***, im 15. Jahrhundert lebte und dennoch unvergessen ist. Zumal er ins Gefängnis kam für seine patriotischen Gedichte.

Eine märchenhafte Karriere machte ein paar Jahre später Silvestres Kollege ***Francesc Aulesa***: Er wurde 1533 für seine Poesie von Kaiser Karl V. geadelt und hieß fortan Francesco de Oleza.

1715 wurde ***Sebastian „Tia" Gelabert*** in Manacor geboren und er kombinierte erstmals Dichtkunst mit Wahrsagerei, was so abwegig gar nicht ist. Enthalten nicht auch viele unserer Gedichte den Wunsch nach einer veränderten Wirklichkeit?

Eher tragisch lebte ***Miguel Llompard*** aus Llucmajor, den sie „El Coix de la Bau" nannten: den Hinkenden von la Bau. Er war Analphabet, was ihn nicht hinderte, eine Fülle von Gedichten zu improvisieren, die andere aufschrieben. Reich wurde er damit nicht, er starb 1840 als Pflugknecht. Das mag der Grund sein, warum Melancholie seine Poesie durchweht.

Der fünfte große Volksdichter ist ***Tomas Aguilo i Forteza*** (1812–1884) aus Palma.

Hier ein Beispiel an Volksdichtung, das mir besonders gut gefällt. Es stammt aus Llucmajor, der Poet ist nicht bekannt:

„Wenn das Wasser meiner Augen
Den erquicken könnte, den ich liebe,
Achtzehn Faden höher wär' das Meer
Jeden Tag von meinen Tränen."

DIE UNSICHTBAREN

Manchmal muss ich mich kneifen, damit ich weiß: Ah ja, ich lebe, spüre und spinne nicht, und was ich da erlebt habe im Kloster und der Kirche von Santa Clara in Palma, entsprang nicht meiner Phantasie, sondern ist Wirklichkeit – im 21. Jahrhundert!

„Amb un cuc se pesca una anguila.“

„Mit einem Wurm kann man einen Aal fangen.“

(Klein, aber oho!)

Man betritt einen ziemlich leeren Hof durch ein gotisches Tor, sieht geradeaus die Kirche mit ihrem Portal und rechts das Kloster mit einem Türchen. Zwischen den beiden hängt drei Meter hoch in der Wand eine staubige Glocke – aber sie lässt sich nicht läuten! Das soll man auch nicht, sie kann nur von innen angeschlagen werden, von den Clarissinnen, die ihr Kloster nie verlassen, sich auch nicht zeigen dürfen. Gehen ihnen die Lebensmittel aus, läuten sie diese Glocke und die Nachbarn bringen ihnen Essen. So war das mal, aber da die Glocke staubig ist, denke ich, dass die Nonnen inzwischen andere Wege haben, um einen Notstand zu beseitigen. Ja, sie haben inzwischen sogar ein Telefon. Aber, so sagte mir ihr Seelsorger, sie telefonieren nicht gerne. Sie beten lieber.

Betritt man den winzigen Raum hinter der Klostertür, steht man vor einer Bestellkarte mit farbigen Illustrationen: Abgebildet sind zehn Arten von Hefegebäck mit Puderzucker, die Preise werden genannt (rund 3 Euro für eine Schachtel), daneben ist eine Metalltrommel in die Wand eingelassen (wie eine tibetische Gebetsmühle oder eine Kinderklappe) und dann geht's los, wenn man sich traut, und zwar auf zwei Arten: Man kann elektrisch klingeln oder an einem Glockenstrang ziehen (und diesmal läutet's tatsächlich innen!), die Trommel dreht sich, eine Art Regal mit zwei leeren Fächern erscheint und eine Frauenstimme, was sonst, sagt unsichtbar: „Was wünschen Sie?" Dann gibt man seine Bestellung auf („Ich hätte gern zweimal die Kekse Nummer 7 und einmal die Nummer 2"), bekommt den Preis gesagt, den man sich aber schon selbst errechnet hat, legt das Geld in die Trommel, sie dreht sich wieder und die Klappe schließt sich.

Wobei unklar ist, ob die Nonnen Wechselgeld rausgeben. Eher nicht. Ich glaube so etwas verstanden zu haben wie: „Bitte den passenden Betrag reinlegen!"

Nun dauert es eine ganze Weile, weil die Bestellung bearbeitet wird. Dann hört man einen leisen Ruf, ich verstand: „Sind Sie noch da?", und die Trommel in der Wand öffnet sich erneut, dreht sich und nun erscheint die grafisch wunderschöne Schachtel mit dem Gebäck, dazu noch sauber verpackt in einer Zellophantüte mit gelber Schleife. Man dankt artig, sagt ein „Adios", bekommt eins zurück und dann knabbert man die klösterlichen Backwaren, die köstlich schmecken, und spekuliert, ob hinter der körperlosen Stimme eine junge oder eine alte Frau gesteckt hat. Was eigentlich total egal ist, aber es ist spannend zu tippen, wie viele Jahre die Person, mit der man gerade Kontakt hatte, schon hinter den Klostermauern lebendig begraben lebt ...

In der Kirche nebenan, eher dunkel und kahl, gibt es eine düster vergitterte Empore, auf der die Clarissinnen als singende, betende Schemen erscheinen. Möglich, dass sie durch die schwarz gestrichenen Gitter etwas sehen, man weiß es nicht, aber man hört sie – sogar wispern. Untereinander. Als flüsterten sie sich was ins Ohr.

Für den Mallorca-Fachmann hat diese Kirche Santa Clara noch etwas zu bieten: Hier sind einige der zentnerschweren Podeste mit den Heiligenszenen geparkt, die in der Karwoche durch Palma geschleppt werden. Hier kann man sie endlich mal aus der Nähe sehen und anfassen.

Leicht ist das vergrabene Leben der Nonnen nicht. Einmal drin, kommen sie nie mehr raus, es sei denn, sie sind tot. Von einer Clarissin im Krankenhaus hat auch noch niemand je gehört. Seltsam! Sie leben aber ständig mit dem Tod, denn sie schlafen in ihren Särgen und jede Nacht werden sie von einer Mitschwester zu unterschiedlichen Zeiten aus den Träumen gerissen, die ihnen zuruft: „Memento mori."

Barbarisch, archaisch, katholisch, unmenschlich. Aber das Gebäck, oft in Herzform, ist ausgezeichnet. Es sei nur aus Mehl, Eiern, Zucker und Wasser hergestellt worden, steht auf der Schachtel. Ohne Chemie. Das Abenteuer, in dieser sehr speziellen Konditorei einzukaufen, möchte ich nicht missen. Ein mittelalterliches Live-Erlebnis für 3 Euro mit Nachtisch ...

DAS MEISSEN MALLORCAS

Sie hieß La Roqueta, existierte nur von 1897 bis 1918, in der Blütezeit des Jugendstils, der auf Mallorca „Modernismo“ genannt wird, und war eine wunderbare Porzellanmanufaktur. Aber was sie produzierte, sieht man nur noch an den Hausfassaden. Den Rest horten fanatische Sammler …

„Per sa boca mor es peix.“

„Durch den Mund stirbt der Fisch …“

(Was für ein Großmaul!)

Ein netter Name, „Der kleine Fels“! So pflegen die Intellektuellen seit Jahrhunderten ihre Insel liebevoll zu nennen: La Roqueta. Es war das Meißen Mallorcas, und was die Künstler in Palmas Vorort Son Espanyolet schufen, ist nahezu unbegreiflich schön, eben weil es in den Jugendstil fiel, der hier ein ganz besonderes Gesicht hat. Weil Antonio Gaudi, das ästhetische Genie aus Barcelona, in Palma gearbeitet hat – und die Gastarbeiter, wenn sie aus Nordfrankreich heimkehrten, wo sie meist Obsthändler waren, die neue Kunstform in Reinkultur kennengelernt hatten. Es gibt kaum ein bekanntes Gebäude in der Ciutat, in Santa Maria del Cami, Soller und auch anderswo, das innen und außen nicht ein Stück La Roqueta trägt – von der Kathedrale über das Gran Hotel bis zum Can Forteza Rey, dem Café Can Juan de S'Aigo und Schloss Bendinat. La Roqueta schuf Baukeramik, komplette Badezimmer, Möbel mit Kacheln, Grabmäler, Treppenaufgänge, Prunkteller, Essgeschirr, Bilderrahmen, Vasen, Lampen, Skulpturen und Figurinen, Medaillons und ganze Wände aus Fliesengemälden.

Aber außer an und in den Gebäuden sieht man La Roqueta äußerst selten, selbst das Museo de Mallorca besitzt nicht mehr als ein Dutzend Stücke. Nie taucht irgendwas im Handel auf, etwa 30 Sammler horten La Roqueta wie Goldbarren – und das oft schon seit der Zeit, als es die Manufaktur noch gab. Es kam vor, dass ein Stück auf einem Flohmarkt auftauchte, ich habe mal eins gesehen, aber ich drang nicht durch. Vor mir stand sofort eine Wand einheimischer Sammler, die sich mit Preisen überboten, die ich nicht für möglich gehalten hätte. Die Kachel, die ich gesehen hatte, etwa 10 mal 10 Zentimeter groß, mit einem Faun, der in einer Blüte geboren wurde, brachte dem Händler nahezu 1000 Euro ...

Dabei haben sich die La-Roqueta-Künstler weit aus dem Jugendstil-Fenster gelehnt und produziert, dass man damals von „Massenware" sprach (was ein Irrtum war). Weniger in der ersten Phase (1897–1903), stärker in der zweiten Phase (1903–1910) und hemmungslos in der letzten Phase (1910–1918). Vieles halten wir heute für kitschig, überladen und so kunsthandwerklich, dass man große Räume bewohnen muss, um dergleichen ertragen zu können. Aber einiges ist so großartig, dass man ein Wohnzimmer drumherum bauen könnte – man betrachte sich nur die Dekoration über der Tür des Papiergeschäftes Cortes in der c/. Bolseria in Palma.

Der eigenwillige Stil hat seine Wurzeln darin, dass sich La Roqueta nie weit von der Volkskunst auf Mallorca entfernt hat – mit jeder Menge Blumen, Vögeln und Schmetterlingen, neckischen Kinderszenen, schmalzigen Historismen, Fabeltieren, Allegorien, Märchenlandschaften, verschlungener Ornamentik, Grundierungen wie Mosaike, idealisierten Frauengestalten und Wappen aller Art. Und das mit viel Farbe und keinerlei Scheu vor wildesten Formen. Die Mallorkiner vor 100 Jahren liebten es so, ihr „Modernismo" ist nun mal verplüscht.

Sollte doch ein Stück auf Antikmärkten auftauchen, erkennbar an den typischen Bodenmarken I. C. im Herz, J. H. unter einer fünfzackigen Krone oder den verschlungenen Buchstaben CF oder PA, und Sie ausnahmsweise in der ersten Reihe stehen, dürfen Sie nicht auf den Preis schauen – schnell kaufen und mich anrufen! Ich nehme Ihnen jedes Stück mit Gewinn ab ...

Die Professorin Catalina Cantarellas Camps und der kanadische Fotograf Donald G. Murray haben 1985 und 1994 einen sehr schönen Bildband über La Roqueta veröffentlicht. Er erschien als Band 12 in der Serie „La Foradada" und man sieht ihn immer noch in den Buchläden.

WENN DER INSPEKTOR KOMMT

Mallorca-Wein wurde 1890 fast ausgerottet durch den Mehltau, die Anbaufläche sank von 70 000 auf weniger als 12 000 Hektar. Seit 1995 hat die Produktion mit Hilfe kalifornischer Rebstöcke einen gewaltigen Aufschwung genommen. Damals gab es ein Dutzend Kellereien, 2008 waren es bereits 70 und 2013 zählte man nahezu 100. Viel zu viele für die geringe Anbaufläche. Deshalb ist der Inspektor so gefürchtet ...

„Quan es sol surt, surt per tothem."

„Wenn die Sonne aufgeht, geht sie für jeden auf."

(Alle Menschen sind gleich.)

Die Araber, die Mallorca eroberten, berieten, ob sie als strenggläubige Anhänger des Korans den Weinbau der Ungläubigen verbieten sollten, den die Römer eingeführt hatten. Plinius schrieb damals sogar: „Der Wein hält jeden Vergleich mit den besten von Italien aus." Sie beschlossen einen Kompromiss: Eine Gemeinde durfte weiter produzieren – Binissalem. Letztendlich hat durch diesen weisen Beschluss die Weinkultur der Insel überlebt. Eine Legende ist allerdings, aber eine schöne, dass es einen der Weine, die damals gekeltert wurden, heute noch gibt, und zwar rot, weiß und rosé: den Rebensaft mit dem arabischen Namen „Butibalausi“.

Keine Legende ist, dass ein Mann (aber vielleicht sind es auch mehrere) über die Insel zieht, in Weinhandlungen und Weinberge eindringt und … – aber lesen sie selbst, was ich mit ihm erlebt habe.

Er hat eine Brille, trägt dunklen Anzug mit Krawatte, ist betont unfreundlich und stellt sich erst vor, wenn man ihn dazu auffordert. In der Zwischenzeit hat er aber bereits die Regale, Kisten und Keller durchstöbert, Flaschen vor die Augen gehalten und sich Notizen gemacht.

Zieht er endlich seine Visitenkarte, entpuppt der Herr sich als Inspektor des Ministeriums für Landwirtschaft und Fischerei in Palma.

„Was machen Sie da?“, fragt man ihn.

„Das sehen Sie doch!“, sagt er.

„Sie schauen sich die Etiketten an, kaufen aber nichts“, sagt man.

„Genau“, sagt er.

Der Herr ist gefürchtet, weil er gnadenlos unbestechlich ist, extrem kontaktarm und Strafen bis zu 10 000 Euro aussprechen kann. Wenn mit den Etiketten der Weinflaschen was nicht stimmt. Man glaubt ja gar nicht, wie viel nicht stimmt. Wenn Papier wirklich so geduldig ist, wie's Sprich-wort behauptet, dann sind Weinetiketten auf Mallorca masochistisch veranlagt.

„Die lügen wie gedruckt“, sagt der Inspektor und man glaubt einen Anflug von Humor zu entdecken.

Aber das täuscht – der Herr ist erbost. Weil die Winzer derart dreist lügen und die Weinhändler sich mitschuldig machen, wenn sie solche Flaschen verkaufen.

„Was stimmt denn so alles nicht?“, frage ich.

„Bei einigen weder Jahrgang, Rebsorte, Herkunft, Lagerung, ganz selten der Alkoholgehalt. Tafelweine dürfen keinen Jahrgang tragen und alle Flaschen müssen zwei Etiketten haben – vorne und hinten.“

„Warum bescheißen die Winzer?“, frage ich.

„Weil sie Wein verkaufen wollen.“

„Und das möglichst teuer.“

„Ja.“

Die großen Winzer bescheißen natürlich nicht, oder nur selten. Aber die kleinen, die in den Markt drängen. Da muss man höllisch aufpassen beim Kaufen.

„Da ist selten drin, was außen drauf steht“, sagt er.

„Ist das schon Panschen?“

„Nennen Sie es, wie Sie wollen“, sagt der Herr.

Wir sind in einem Weinladen in Palma. Der Inspektor greift sich die Flasche eines bekannten Winzers aus Algaida und zeigt sie mir.

„Bei dem schreite ich schon gar nicht mehr ein“, sagt er. „Gegen den laufen so viele Verfahren, dass es ihn in Kürze gar nicht mehr geben wird.“

Der Weinhändler beteuert, er habe sowieso nur noch 20 Flaschen von diesem Winzer. Da drückt der Inspektor unerwarteterweise ein Auge zu, unter einer Bedingung: „Den Wein nehmen Sie jetzt aus dem Regal und trinken ihn privat.“

Der Weinhändler bedankt sich überschwänglich. Später, als der Herr weg ist, sagt er: „Und was mach’ ich mit den hundert Kartons im Keller? Nehmen Sie zehn Kartons, ich gebe sie Ihnen für 200 Euro. Der Wein ist sehr ordentlich.“

60 Flaschen für 200 Euro. Die Flasche zu 3,33 Euro. Nur weil das Etikett falsch ist. Ich kaufe fünf Kartons.

Der Inspektor hat natürlich ausländische Winzer besonders gefressen. Weil die Wein anbauen, Phantasie-Etiketten drucken lassen, den Wein in ihren Restaurants anbieten und ihn den Gästen nach dem Essen kartonweise verkaufen. Zu Preisen, die ebenso phantasiereich sind wie die Etiketten.

„Da gibt es eine deutsche Malerin", sagt der Inspektor, „die macht wirklich hübsche Etiketten für den Wein ihres Mannes. Die Etiketten sind nur leider mehr wert als der Wein. Aber das stoppe ich jetzt – der lügt auf den Etiketten so, dass sich die Flaschen biegen müssten."

Wieder so eine Art Scherz.

Aber dass der Deutsche 8000 Euro Strafe zahlen muss, ist kein Scherz. Das ist teuer.

„In Son Macia habe ich einen Hobbywinzer auffliegen lassen", sagt der Herr, „den kosteten die Etiketten wesentlich mehr als die Flaschen und der Wein. Ich habe die Rechnungen gesehen. Aber hinterher kostete der Wein mehr als die Etiketten."

Ich erzähle ihm einen Scherz aus deutschen Restaurants. Sagt der dumme Kellner zum Gast: „Sie können jeden Wein bestellen, wir haben alle Etiketten da."

Der Inspektor nickt, empfindet das aber nicht als Scherz. „Ich habe darauf zu achten, dass die mallorkinischen Weine, gerade jetzt, da sie in Mode gekommen sind, sauber bleiben", sagt der Herr. „Ich muss vermeiden, dass es zum Skandal kommt wie in so vielen anderen Ländern."

Er hat die Macht dazu – und vor allem das Wissen. Der Herr schaut sich Weine von außen an und weiß sofort, dass das Etikett falsch ist. Es gibt keinen besseren Fachmann als ihn. Und er liest die Insel-Zeitungen. Weil da Leute für ihre Weine gelobt werden, und sie sogar inserieren, die gar nicht verkauft werden dürften, und dann setzt sich der Inspektor in seinen Dienstwagen und stoppt den Betrug.

Na ja – Betrug ...

Wenn der Wein anständig ist, kann es doch egal sein, ob er ein falsches Etikett trägt, oder gar keins!

Der Inspektor folgt einer Philosophie und er glaubt, sie beweisen zu können: „So viel Wein, wie in mallorkinischen Flaschen verkauft wird, wächst gar nicht auf der Insel. Die Leute werden schamlos betrogen.“

„Gibt’s sowas wie Sie auch für Antiquitäten?“, frage ich.

„Das ist Sache der Polizei“, sagt er bierernst.

Der Inspektor ist übrigens Biertrinker.

DIE INSEL DER SELIGEN EROTIKER

Ich kenne keinen Ort auf Erden, Akureyri in Nord-Island und die Trobriand-Inseln bei Neuguinea ausgenommen, an dem Sexualität in Wort und Tat eine größere Rolle spielt, und zwar in jeder Altersgruppe. Nirgendwo sonst, behaupte ich, wird so offen über Intimitäten gesprochen und die Libido so hemmungslos von Finca zu Finca ausgelebt.

„Tots menjam per davall es nas."

„Wir essen alle unterhalb der Nase."

(Keiner ist besser als der Andere.)

Das drückt sich auch in der Kriminalstatistik aus: In Gesamtspanien zählt man rund 16 sexuelle Übergriffe pro 100 000 Einwohnern und Jahr, auf Mallorca sind es etwa 30. Diese erotische Orientiertheit hat dazu geführt, dass sich auch Historiker und Literaten mit ihr beschäftigten und vor allem Ramon Rossello Vaquer hat zwei Werke geliefert: 1992 „El Sexe a Mallorca" (mit Co-Autor Jaume Bover Pujol) und 1994 „Sexe i Erotisme a Mallorca".

Oft saß ich in einem Inselcafé und bekam mit, wie am Nachbartisch diskutiert wurde, ob und wie, und warum sie und er nicht, und ob Herren dramatisch bestückt seien oder Damen mit Küchenschürzenkleidern eher zugänglich seien als ... – dabei kannten sich die, die da redeten, wohl erst, seit sie Platz genommen hatten.

Es ist, als ob die Insel etwas freisetzt an, der Begriff passt nach Maß, „enthemmter Freizügigkeit". Das verstört Menschen, die kommen, um hier zu arbeiten. Das haben sie nicht erwartet, konnten sie auch nicht, gemessen an der dezenten Atmosphäre jeder Orte, aus denen sie stammen. Aber erstaunlich schnell passen sie sich an. Damit mag zu tun haben, dass die Insel das Paradies alleinstehender Frauen ist. Dass hier erotische Affären begonnen und beendet werden wie man Regenschirme beim ersten Tropfen aufklappt und bei Sonne schließt. Oft mit Wissen der Partner, die sich nicht anders gebärden.

Kriminalität ist in erstaunlich vielen Fällen zurückzuführen auf diese zwanghaft aufbrechende Sexualität: Von zehn Morden, die von 2002 bis 2004 geschahen, beruhten acht auf Partnerschaftsproblemen – von Relikten an Eifersucht bis zur sexuellen Ekstase.

Das ist nicht etwas, das der Tourismus gebracht hat. Diese Un-Anständigkeit bricht aus der Erde. Die „Rondaies", die alten Mythen und Sagen der Insel, sind voll von Anspielungen, Zwischentönen und Zoten. Die Mallorkinerin an sich, wenn man das so verallgemeinernd sagen kann, gehört zu den unbeschwertesten Frauen des Erdballs. Der Mallorkiner, auch er wieder an sich, passt dazu, denn er hat den antiken und nett harmlosen Trinkspruch vom möglichst vielen Geld, der strotzenden Gesundheit und der blühenden Liebe umformuliert zum Wunsch, die eigenen Töchter sollten möglichst große Busen haben – was inzestiös klingt, aber nur die Weitergabe von Wunschvorstellungen ist.

Ein wichtiges Stichwort: Busenfixiertheit ist endemisch, und die Neugier, unter Blusen zu schauen, fast noch dringlicher als die Habgier. Es scheint, als könnten Mallorkiner auf den Rest der Frau verzichten, wenn sie nur vor lauter Brust vornüber zu fallen droht. Und ich kenne nicht einen einzigen Eingeborenen, der noch zu mehr fähig ist als nur Wasser abzuschlagen, der das nicht ausnutzt. Dazu kommen dann die auf die Insel, die es Zuhause nicht aushalten und ihr Leben genießen wollen in der Freiheit der Fremde. Denen die Sonne, in Maßen, Kleider vom Leibe reißt und die Zurückhaltung von den Seelen.

Auch Albert Vigoleis Thelen schildert in „Die Insel des zweiten Gesichts“ so eine Episode: „ …eine gesegnete Mutter aus dem Volke öffnet das Kleid, hebt stolz die schwere Kugel über das Hemd und spritzt mit geübter Hand einen Strahl Milch gegen die Wand … so prüde … Frauen sind, werden sie Mutter, dann fällt jegliche Scheu. Brüste sind ein Prunkstück, das man herumzeigt wie ein Bauer eine doppelt prall geratene Runkelrübe.“

Und der britische Historiker Frederick Chamberlin schrieb in seinem Buch „The Balearics and Their People“: „Die Bewohner Mallorcas haben keine Ambitionen und nur ein Begehren – das Wohlergehen ihres Körpers.“

Ich vernehme von Zeit zu Zeit staunend, wie sich eine Gruppe mallorkinischer Freunde immer wieder einer gewissen Paquita erinnert, und das seit Jahren, deren Mann in Portocolom eine Tankstelle mit Handpumpe besaß, die von seiner Ehefrau bedient wurde – das muss mindestens 30 Jahre her sein. Paquita besaß offensichtlich den größten Busen Mallorcas, jedenfalls bauten sich die Kerle, wann immer ein Autofahrer hielt, um zu tanken, zu Dutzenden auf der gegenüberliegenden Straßenseite auf, weil sie genießen wollten, wie Paquita beim Bewegen des

Pumpenschwengels ihre gigantischen Brüste in Wallung brachte. Einige unterbrachen sogar ihre Arbeit, die Fischer das Netzeflicken etwa, für dieses Beben der von Gott gesegneten Tetas.

Noch etwas: Es gibt Menschen, die überzeugt sind, dass Mallorca eines der Energiezentren der Erde ist; jene Punkte, an denen Menschen kreativ werden, weil Gaia, die Ur-Göttin, sie speist durch Vibrationen und Strahlung. Sie speist aber auch ihre Libido, zumal man alt wird, älter als anderswo, und aktiv bleibt im Klima, das Jahreszeiten kennt und Salz in der Luft hat, wo man viel unter freiem Himmel lebt und ständig zu tun ist in Haus und Garten, sodass man nicht rostet auf der Couch. Und wo es dennoch irrsinnig langweilig werden kann, weil der Kopf im Kreis rotiert und die Couch zur Wüste wird. Weshalb man sich durch Trieb beweisen muss, dass man noch jung ist und nicht nur Gärtner oder Handwerker.

Man parke nur mal an einem Wochentag um 11 Uhr vor dem Supermarkt Casañ in Cala Murada – da begegnen einem mehr neugierige Damen als im „P1“ in München. Sie mögen älter sein, aber sie haben wesentliche Bestandteile ihrer Zurückhaltung verloren, ihre Erinnerung jedoch ist jung geblieben, und beides zusammen macht sie auffällig.

Neulich erfuhr ich von einem Kanadier und einer Österreicherin. Sie wohnen in Fincas, die rund 200 Meter entfernt an einem Berghang stehen. Weitab von jeder Besiedelung, einsam am Ende eines Camino. Sie oben, er unten. Stehen sie auf ihren Terrassen, sie vorne ebenerdig, er hinten in der ersten Etage, können sie sich gut sehen. Mit Fernglas noch besser. Beide sind verheiratet, aber nicht sehr: Die Österreicherin wurde von ihrem Mann „geparkt“, die Frau des Kanadiers lebt meist im Parterre. Von dort unten kann man die Terrasse der Österreicherin nicht einsehen. Das ist wichtig. Denn in den Jahren der Nachbarschaft entwickelte sich ein Ritual: Sehen sich die beiden auf ihren Terrassen, das geschieht meist zwischen 8 und 9 Uhr, wenn die Sicht klar ist, weil die Sonne noch nicht so hoch steht und die Luft nicht flirrt, entblößt sich der Kanadier und zeigt ihr sein bestes Stück – an guten Tagen erregt. Die Österreicherin schaut sich das mit dem Fernglas an und dankt mit gestrecktem Daumen. Was aber nur als Bewegung und Gewohnheit erkennbar ist. Dann zieht sich der Kanadier die Hose wieder hoch und hebt sein Fernglas, da lüpft sie da oben ihr T-Shirt, oder was immer sie trägt, und zeigt ihm ihre Brüste. Worauf es passieren kann, dass er die Hose noch mal runter lässt und demonstriert, dass ihre Nacktheit nicht spurlos an ihm vorüberging. Worauf die Österreicherin ihre Schätze wieder wegpackt. Das machen sie seit Jahren.

Sehen sie sich aus der Nähe, verkehren sie wie Lady und Gentleman. Weshalb sie sich auch problemfrei mit dem jeweiligen Partner begegnen können. Die Etikette wird perfekt gewahrt. Darin liegt ja gerade der Reiz. Nie würden die Beiden auf die Idee kommen, sich zu berühren oder eine Bemerkung über ihre Entblößungen zu machen. Nein, es ist ein sauberes Ritual aus der Ferne, danach gehen sie frühstücken. Sie meist alleine, er mit seiner Frau. Natürlich duzen sie sich, die jeweiligen Partner auch. Aber das bedeutet ja nichts auf Mallorca. Nicht auszuschließen ist, dass auch die Kanadierin und der Österreicher dieses Ritual praktizieren, wenn sie alleine auf den Fincas sind. Aber das weiß keiner.

Hans von Rotenhan, Anwalt in Palma, fränkischer Adelsspross und Vorsitzender der deutschsprachigen evangelischen Gemeinde, hat erkannt: „Man wird auf Mallorca wurzellos, es brechen alle Bande frommer Scheu und man ist eher geneigt, dunklen Trieben nachzugeben.“

2006 wurde eine Schätzung bekannt, die genau meinen Punkt trifft: Rund 35 000 deutsche Frauen leben auf der Insel, 90 Prozent von ihnen solo, und 2008 publizierte der Cora-Verlag, Spezialist für Gefühlsliteratur im Heftchen-Format, den Band „Liebesreise auf die Balearen“: Verschiedene Autoren haben sich Gedanken gemacht über die urwüchsig ausbrechende Libido speziell auf dieser Inselgruppe ...

Sagen Sie nicht, dass das Nonsense sei. Lesen Sie lieber bei römischen Schriftstellern nach. Die überliefern staunend (und das will was heißen, denn im alten Rom war ja auch einiges los), dass triebhaftes Verhalten bereits vor 2000 Jahren gang und gäbe war. Demnach wurde in Höhlen der Brauch gepflegt, dass eine Braut erst dann die Ehe mit ihrem Mann vollziehen durfte, nachdem sich seine Verwandten und Freunde ausgiebig über sie hergemacht hatten.

Natürlich haben die Gegenkräfte versucht, ein Mittel gegen den Sexualtrieb zu finden und sie entdecken den Keuschbaum oder Mönchspfeffer. Aus ihm stellt man ein Gebräu her, dass die Geilheit mindert – und nebenbei auch bei Menstruationsproblemen hilft. Es ist eine sehr grüne, niedrig am Boden wachsende Blume mit weißen Blüten, deren Blätter an Marihuana-Pflanzen erinnern. Sie steht in Meereshöhe an den Mündungen einiger Torrents.

DIE INSEL VOR DER INSEL

Cabrera heißt nach einem Tier, von dem sie nicht ein einziges Exemplar besitzt, beherbergte die ersten deutschen Touristinnen, war mal ein grauenhafter Ort, ist ein Zankapfel zwischen einer Familie und dem Militär und hat eine Blaue Grotte wie Capri.

„Me'n fot!"

„Das ist mir sowas von egal"

(Das dritte wichtige Wort auf Mallorquin, das man kennen sollte.)

Es ist ein hübscher Archipel, und zwar aus der Luft, vom Boot und von oben, von der Burg aus auf der Hauptinsel Cabrera. Sie ist von zehn Inselchen und mehreren kahlen Fels-Eilanden* (18 insgesamt) umgeben, 18,36 Quadratkilometer groß mit 54 Kilometer Küstenlinie, der Wohnplatz von 21 215 Tierarten (darunter sieben sehr unterschiedliche Eidechsenarten, aber meistens Insekten), der einzige Nationalpark Spaniens im Gebiet der Balearen, eigentlich Privatbesitz und trotz des Namens ziegenlos: Die etwa 300 wurden aufs Festland umgesiedelt. Cabrera wurde

* Ich nenne die wichtigsten Eilande mal spaßeshalber: Cabrera, Cornills, Na Redona, Na Plana, Na Pobra, Na Foradada, L'Esponja, Ses Bledes, L'Imperial, L'Imperialet, S'Esc-lata Sang, Fora, Coll, Xapat und Ses Rafes.

jahrzehntelang vom Militär verwaltet und vergewaltigt, zum Reservat erklärt und ist jetzt beliebtes Ziel für Ausflügler und Yachtbesitzer. Geologisch gehört Cabrera zu Mallorca, von dem es sich vor circa 15 000 Jahren abspaltete.

Was Cabrera historisch zu erzählen hat, stammt aus der Militärgeschichte – und die ist auch schuld, dass die Insel derart kahl ist. Vom 3. April 1809 bis zum 16. Mai 1814 wurden 11 800 gefangene Franzosen, Schweizer, Italiener, Polen und Angehörige anderer Nationalitäten (was sich eben damals als Söldner in europäischen Heeren herumtrieb) aus den Napoleonischen Kriegen auf Cabrera ausgesetzt und mehr oder weniger sich selbst überlassen. 3 500 bis 5 000 starben elendiglich an Seuchen, dem Klima und vor allem an Hunger, obwohl der Kannibalismus grassierte.

Diese Schandtat Spaniens hat immer wieder Autoren angeregt, das Thema auf ihre Art darzustellen. Das meiner Meinung nach beste Buch erschien 2001 in Kanada: Denis Smith, „The Prisoners of Cabrera“. Sehr gut ist auch der 1893 publizierte Band „Les iles oubliees“ des Franzosen Gaston Vuilliers (1847–1915). Und von großer Authentizität ist der Augenzeugenbericht des französischen Gefangenen Sebastien Boulerot, die er seinem Landsmann Gabriel Froger schilderte, der daraus 1849 ein Buch machte. 2010 erschien es auf Spanisch mit dem Titel „Cuando el padre nos olvida“.

Eine Spurensuche ist ziemlich sinnlos, denn geblieben sind nur ein viel später errichtetes Kreuz mit lieblos hingerotzter Inschrift und an der Burgmauer eine Kratzspur zweier Franzosen: „Fleury et Grapain, prisonniers en 1810“.

Auf Mallorca begegnet man alle paar Jahre delikat geschnitzten Madonnen- und Schachfiguren, die von den Gefangenen verkauft oder für Lebensmittel eingetauscht worden waren, und das Stadtarchiv von Palma hortet eine Kiste mit Dokumenten.

Auf dem Flohmarkt in Paris fand ich wunderbar gezeichnete Stiche von 1850, auf denen ausgehungerte Häftlinge mallorkinische Fischerboote kapern und den Fang in ihre Gewalt bringen.

Die Besitzverhältnisse sind eigentlich klar, aber dennoch seit Jahrzehnten hart umkämpft: Die Familie Feliu, der Cabrera zweifelsfrei gehört, wurde vom Staat brutal enteignet und um diese Willkür ranken sich Legenden. Angeblich kokettierten die Felius im Ersten Weltkrieg mit dem deutschen Kaiserreich, indem sie zuließen, dass teutonische U-Boote die Insel als Versteck, Ruheort und Basis benützten, während Madrid alles daran setzte, Neutralität zu demonstrieren. Den Verdacht hat die Familie immer bestritten, aber immer, wenn man ihr schaden wollte, erwähnte man diese angebliche Kollaboration. Um 1990 wollte sie vom Militär etwa 2170 Euro als (lächerlichen) Kaufpreis für Cabrera, bekam sie aber nicht. Jetzt ist die rechtliche Lage so: Zieht das Militär ab, fällt Cabrera an die Felius zurück und Schadenersatz wird fällig – vermutlich in Millionenhöhe. Weshalb das Militär zwar offiziell abgezogen ist, aber Cabrera immer noch verwaltet.

Überraschenderweise gibt es sogar ein paar deutsche Bezüge, nach denen man sogar suchen kann:

1. Unter den Tausenden von Gefangenen befanden sich zwei Frauen – die Marketenderinnen Christiania und Sofia, die ihren Liebhabern gefolgt waren. Es dürften die ersten deutschen „Touristinnen" der Neuzeit gewesen sein ...

2. Johannes Böckler aus Mölln war ein 21-jähriger deutscher Unteroffizier der Luftwaffe, der mit seiner ME-109 am 1. April 1944 beim Cabo Tenas auf Cabrera abstürzte und im Meer ertrank. Fischer bargen seine Leiche und er wurde auf dem Insel-

Friedhof unter der Burg begraben, unter falschem Namen: Bochler. Seitdem spukt er als Gespenst auf Cabrera, wird „El Lapa" (Die Klette) genannt, und es gibt eine Menge Leute, die schwören, seinen Schatten gesehen und seine Klagelaute gehört zu haben. Was eigentlich nicht sein kann, denn 1982 wurde er ins Grab Nr. 142 auf dem deutschen Soldatenfriedhof in Cuacos de Yuste bei Caceres umgebettet – aber die Fischer behaupten, der Tote sei mit einem der ihren verwechselt worden, der neben dem Deutschen gelegen habe, Böckler liege immer noch auf der Insel ...

Ein paar nützliche Stichworte ...

Das Besucherzentrum: Witzigerweise liegt es auf dem Festland, in Colonia de Sant Jordi (Carrer Gabriel Rocca), ist von 10–14.30 und 15.30–18 Uhr geöffnet und gratis. Im Winter ist es montags geschlossen.

Die Blaue Grotte oder Cova Blava ist ein besonderer Schatz und ihre Wirkung auf Besucher für den Laien ein Wunder. Sie ist nur vom Meer aus zugänglich, im Beiboot oder per Jetski. Als Höhle beeindruckt sie nicht durch Schönheit, da ist sie in ihrer nassen Schwärze und mit schmatzenden, gluckernden Geräuschen der auslaufenden Brandung im Hintergrund eher unheimlich, obwohl kaum zehn Meter hoch und 40 Meter tief und weit (schätze ich mal). Es ist das Wasser da drinnen, das plötzlich unbegreiflich wird: Gerade noch, vor der Cova, war es blau oder grün und transparent, kaum ist man eingefahren, ist es milchig blass, fast opalblau und undurchsichtig wie Milch. Mal mehr, mal weniger – je nach Sonnenstand, Seegang und Spiegelung der feuchten Wände. Steckt man eine Hand in dieses merkwürdige Wasser, ist sie verschwunden, wie abgeschnitten an der Oberfläche, weggetaucht sozusagen. Als würde man wirklich in

Milch greifen. Das Wasser wirkt auch ölig, fast meint man, es müsste an der Hand kleben bleiben. Aber das ist ebenfalls nur eine optische Täuschung, das Wasser in der Grotte hat keine andere Konsistenz als das draußen. Das ist Magie der Natur, Gag der Sinne. Das macht die Cova Blava so einmalig.

Ausflugsboote: Sie starten in Colonia de Sant Jordi (Mar Cabrera, 971/649034, www.marcabrera.com) und Portopetro (Excursions a Cabrera, 971/ 656403, wwwexcursionscabrera.es). Die Tickets werden am Hafen verkauft und kosten mindestens 33 und bis zu 50 Euro.

Eigenes Boot: Für den Besuch benötigt man eine Genehmigung des Umweltministeriums (Gewerbegebiet Son Rossinyol, c./ Gremi de Corredors, 971/177641). Pro Tag sind aber nur 50 Schiffe erlaubt, was zu einem derartigen Gedränge um Genehmigungen führt, dass ein Skipper, der die Erlaubnis hat, aber unentschuldigt nicht kommt, betraft wird – zum Beispiel durch Verweigerung späterer Genehmigungen.

Führungen: Ist man mal auf der Insel, kann man sich von Naturschutzexperten führen lassen, was heiß, staubig und nicht übermäßig unterhaltsam ist – es sei denn, man hat sich vorher exzellent informiert.

DAS KANN DOCH NICHT SEIN!

Es ist herrlich, immer wieder groteske Behauptungen zu entdecken, die sich durch die Literatur, die Zeitungen, Magazine, Reiseführer und selbst durch Interviews ziehen, und zwar unbeirrt seit – na, sagen wir – Beginn des Tourismus. Betroffen sind sogar Kanarienvögel …

„Un dia veurem ets ases volar."

„Eines Tages werden wir die Esel fliegen sehen …"

(Der Spruch, der die Fortschritts-Skepsis der Mallorkiner ausdrückt.)

Ich sammle diese Kuriositäten, korrigiere sie gerne (aber es ist zwecklos, sie tauchen immer wieder auf), und ein paar der groteskesten und witzigsten Fehlmeldungen schildere ich hier.

1. „… man kann wilde Kanarienvögel schießen …", steht unglaublicherweise in einem britischen Reiseführer aus den 1950er-Jahren. Diese Vögel hat es auf Mallorca nur importiert, zahm und in Käfigen gegeben.

2. „… Obwohl der Gorg Blau auf Landkarten markiert ist, existiert er nicht mehr. Es war ein See, den die Amerikaner unglücklicherweise aufgefüllt haben", schrieb der Engländer Harold Rose 1965 in seinem Reiseführer „Your Guide To Majorca". Von wegen:

Der Gorg Blau ist das Trinkwasser-Reservoir der Insel-Bewohner, und speziell von Palma, in der Tramuntana.

3. „... Cabrera ist wasserreich, vor allem an Thermalquellen", behauptete der italienische Gelehrter Hermola im 15. Jahrhundert Wassermangel war und ist das Riesenproblem der Insel, Tausende von Kriegsgefangenen starben Anfang des 19. Jahrhundert an Durst (siehe das Kapitel „Die Insel vor der Insel").

4. „Besuchen Sie Mallorca, wo die Lebensmittel billig und die Einwohner entgegenkommend sind. Die Hotels, die Mietshäuser, die Lebensmittel und Gebrauchsgegenstände ... haben sich nicht verteuert, wie es sonst vielfach geschieht, in der Absicht, den Reisenden auszubeuten ..." – ein Zitat aus der Broschüre „Mallorka" des Fomento del Turismos in den 1920er-Jahren. Gut 90 Jahre später frage man mal die Mallorkiner, was sie dazu zu sagen haben ...

5. Das Lesebuch „Reiselust-Geschichten – Mallorca, Mallorca" des Aufbau-Verlages (2002) enthält die Novellen „Der Stierkampf" von Ernest Hemingway und „Große Fische, kleine Fische" von Italo Calvino. Ein grotesker Irrtum: Beide Autoren haben nicht das Geringste mit Mallorca zu tun (waren vermutlich auch nie da) und ihre Storys spielen irgendwo, nur nicht auf der Insel ...

6. Frédéric Chopin schrieb an einen Freund über Valldemossa: „... ein Friedhof, eine teutonische Kirche, Ruinen einer Moschee..." Es ist nicht ganz klar, was er mit der teutonischen Kirche meint, aber sowas gab es nie, und eine Moschee schon gar nicht.

7. „Im Winter kann man jeden Tag im Meer baden ... " – behauptete der „Graphische Reiseführer Costa" in den 1950er-Jahren. Natürlich kann man, aber Spaß macht es nur Sibiriern und eisenharten deutschen Rentner(inne)n ...

8. „... im Winter friert die einheimische Bevölkerung mehr oder weniger stark" („Die Balearen", Kurt Schroeders Reiseführer, 1957). Als ich das mallorkinischen Freunden erzählte, haben sie sehr gelacht: Längst gibt es Zentralheizung, Air Condition und Bulleröfen in den Fincas, und die alten Kamine spendieren seit jeher angenehme Wärme ...

9. „... Rehwild, Bergziegen und Wildschafe existieren nicht mehr. Der Bestand an Singvögeln in der Nähe von Ortschaften ist fast völlig ausgerottet!" (das steht ebenfalls in „Die Balearen", Kurt Schroeders Reiseführer, 1957). Rehwild und Wildschafe gab es nie, Singvögel dagegen immer noch reichlich, und die Bergziegen sind eine derartige Plage, dass sie von Amts- und Hobbyjägern jedes Jahr um Tausende reduziert werden müssen.

10. „... für den Winteraufenthalt ist eine ... wollne Leibbinde mitzunehmen" (und nochmal „Die Balearen", Kurt Schroeders Reiseführer, 1957). Heute weiß man nicht mehr, was das überhaupt ist. Wie konnte ein einziger deutscher Guide vor rund 65 Jahren so viel Unsinn enthalten?

11. „Manacor hat zwei große Söhne, den Tennisspieler Rafael Nadal und den Maler Miquel Barcelo" (das erzählte ein „Kunstexperte" im Inselradio, September 2010). Barcelo stammt aus dem Nachbarort Felanitx.

12. „Erzherzog Ludwig Salvatore von Österreich ..., der ... Bruder von Kaiserin Sissi ..." – so steht es in „Tuning up at Dawn" von Tomas Graves, dem Sohn des berühmten Schriftstellers Robert Ranke-Graves. Das ist grotesk falsch, Si(s)si war eine Wittelsbacherin, die den österreichischen Kaiser Franz Joseph geheiratet hatte!

13. „Wir sausen Richtung Andraix vorbei an grauglänzenden Oliven- und tiefgrünen Brotfruchtbäumen ..." (schrieb die Schwei-

zer Malerin Dora Lauterburg 1931 in ihrem Buch „Malerfahrt durch Mallorca). Es gibt keine Brotfruchtbäume, sie verwechselt das mit Johannisbrotbäumen ...

14. Wolfram Bickerich irrte sich 2009 in seiner „Gebrauchsanweisung für Mallorca“: „Aus grauer Vorzeit dagegen stammen die ältesten Skulpturen Mallorcas – drei steinerne Stierköpfe“. Sie sind aus Erz und keineswegs die ältesten Skulpturen: Den Rekord hält die tatsächlich steinerne „Dama de Matge“ ...

15. Kurt Prinz zur Lippe in seinem 1927 erschienenen Reisehandbuch „Balearen“: „Einige Gegenden der Insel, wie Inca und die Umgebung von Alcudia, soll man zu Daueraufenthalt meiden wegen der dort öfter auftretenden Malaria.“ Die grassierte nie, nicht mal im Sumpfgebiet der Albufeira, die er wohl meinte ...

16. Kurt Prinz zur Lippe irrte sich im gleichen Buch dann ein zweites Mal: „Man sei jedoch vorsichtig zu weit hinaus zu schwimmen, da die größeren Tintenfische und auch ab und an die Haie nicht ungefährlich sind.“ Nun übertreibt er aber wirklich: Haie gibt es, aber keine Hai-Attacken, und von Riesen-Oktopussen hat noch nie einer gehört ...

17. Rüdiger Liedtke schreibt in seinem Buch „111 Orte auf Mallorca, die man gesehen haben muss“ von der „Autonomen Republik der Balearen“. Nein, das wären sie vielleicht gerne, aber sie sind nur eine „Comunidad Autónoma“ – eine autonome Gemeinschaft im Königreich Spanien ...

MEIN FREUND, DER HUMMER

Dies ist die Biografie eines Krustentiers, dem es 16 Jahre lang gelang, den Fischern zu entkommen. Dann erwischte ihn einer und ein habgieriger Wirt servierte ihn hungrigen Engländern. Als ich ihn retten wollte, fand ich nur noch seine Schalen …

„S'agafen mes mosques amb una gota de mel que amb un barril de vinagre."

„Mit einem Tropfen Honig fängt man mehr Fliegen als mit einem ganzen Fass Essig."

(Alles eine Frage der Mittel …)

Bin ich ein Mörder? Ich denke, ja. Ich hätte ihm das Leben retten können, zumindest für einige Zeit, aber ich habe zu lange gewartet. Als ich es etwas später tun wollte, war er tot. Dafür schäme ich mich.

Er war rund 50 Zentimeter lang, wog 2,4 Kilo, wurde auf mindestens 16 Jahre geschätzt und war ein Hummer. Ein Bogavante, wie er auf Spanisch heißt. Ein Riese. Als ich ihn zum ersten Mal erblickte, saß er in dem viel zu kleinen Meerwasser-Aquarium im Restaurant „Sa Sinia“ in Portocolom auf Mallorca. Man hatte ihm die gigantische Schere gefesselt und er funkelte mich aus seinen kugeligen Stielaugen böse an.

„Möchtest Du ihn essen?“, fragte mich Juan, der Wirt, aber ich lehnte ab. Denn ich sah Bogavante zwar zum ersten Mal, aber ich kannte ihn längst. Er war Legende in diesem schönen Hafen, weil er so schlau war. 16 Jahre lang, daher seine Altersschätzung, hatten die Fischer gewusst, dass er unter ihnen lebte, aber nie war einer geschickt genug, ihn aus dem Meer zu holen. Bogavante war zur Preistrophäe geworden, die denjenigen, der ihn fing, zum König der Pescadores machte.

Bogavante war, sozusagen, vom Vater auf den Sohn übergegangen, von Fischer-Generation zu Fischer-Generation, denn keinem war es gelungen, den Hummer mehr als zu sehen. 16 lange Jahre nicht. Bis schließlich einer, der selbst nicht wusste warum, ihn im Netz hatte.

Vielleicht war Bogavante ja alt und müde geworden.

Nun saß er böse funkelnd und gefesselt in dem viel zu kleinen Becken im „Sa Sinia“, und als ich ihn neulich besuchen wollte, saß er nicht mehr da. Ich war gekommen, um ihn zu kaufen und heimlich, hinter dem Rücken der Fischer und des Wirtes, wieder in den Hafen zu werfen. Weil er sich das verdient hatte in den 16 Jahren seiner Schlauheit. Weil er ein Fürst des maritimen Lebens war, und weil niemand das Recht hatte, ihn in heißes Wasser zu werfen, krebsrot werden zu lassen und zu verspeisen.

Für mich war das, um’s klar zu sagen, Mord.

„Wo ist er?“, fragte ich Juan.

„Gegessen“, erwiderte er.

Eine englische Yachtbesatzung war reingekommen, hatte ihn gesehen und bestellt. Und Juan hatte eine profitable Rechnung aufgemacht: 2,4 Kilo Gewicht, der Marktpreis für ein Kilo betrug gerade 80 Euro, also kostete Bogavante 200 Euro. Ohne Beilagen und Wein.

Ich nahm meine Mütze ab, faltete die Hände und Juan, der Wirt tippte sich an die Stirn. Bei aller Liebe zu Mallorkinern – Pietät, die ein gutes Geschäft ruiniert, darf man von ihnen nicht erwarten. Dabei hätte ich die 200 Euro auch bezahlt und Bogavante würde noch leben!

DIE KIRCHE, DIE IMMER ZU IST

Sie ist ein Wunderwerk des sakralen Baus, voller Weltwunder und hier wird sie von einem Insider betrachtet, der zum Beispiel die Frage beantwortet: Wieso gibt es in der Kathedrale, als einziger katholischer Kirche auf Erden, nicht eine einzige Kerze? Und wieso konnte ein berühmter Maler den Erzbischof mit einem Kunstwerk derart höllisch abzocken?

„Tageszeitungsbuffett“

Deutscher Text auf einer dreisprachigen Reklametafel des Restaurants „La travessia“ am Ortseingang von Campos

(Die Erklärung ist einfach: Der Wirt suchte im Lexikon nach dem deutschen Begriff für „täglich“, benützte dazu das spanische Wort „Diario“ – und bekam „Tageszeitung“ ...)

Bevor man sie betritt (gegen Eintritt durch das Diözesan-Museum links vom Kirchenschiff, die Kathedrale selbst ist bis auf wenige höchste Feiertage geschlossen), sollte man sich vertraut gemacht haben mit den erstaunlichen Details und Statistiken. Denn die Kathedrale, genannt „La Seu“ (man könnte es übersetzen mit „Der Sitz“) ist bei einem Rundgang nicht greifbar – sie entzieht sich dem Betrachter und enthält außerdem zu viele Merkwürdigkeiten. Und die beiden merkwürdigsten Geschichten habe ich an den Schluss gesetzt ...

ABMESSUNGEN

Sie ist die Kirche mit dem weltweit größten Innenraum, den die wenigsten Säulen* tragen: 6600 Quadratmeter, 109,4 Meter lang, 39,45 Meter breit und innen 43,95 Meter hoch, außen bis zu 67,50 Meter. Zum Vergleich: Der Kölner Dom, mit Abstand die größte Kirche Deutschlands, misst 144 mal 44,8 mal 43,5 Meter – ist also niedriger. Nur die Säulen des Mailänder Doms, und damit seine Innenräume, sind weltweit höher. Aber: Als um 1300 mit dem Bau der Kathedrale begonnen wurde, gab es nirgendwo so ein gewaltiges Mittelschiff. Ein kluger Kunsthistoriker hat deshalb festgestellt, dass „der größtmögliche Raum mit dem wenigsten Material gebaut wurde“. Genauso sieht es aus, wenn man im Mittelschiff steht.

* Merkwürdigerweise sind diese Säulen leicht geneigt, was zu mancherlei Spekulationen Anlass gibt – sie reichen bis zur mittelalterlichen Mystik.

ARCHIV

Die Kathedrale birgt einen Schatz, der einmalig ist auf der Welt: das „Archivo capitular de Mallorca“, das Domarchiv mit 18 532 Dokumenten, in den Räumen über dem Diözesan-Museum. Es wird seit über 700 Jahren lückenlos geführt und enthält sämtliche Schriftstücke aus dem Betrieb der Kathedrale: Versammlungen der Domverwaltung, Hochzeiten, Begräbnisse, Messen, Spenden, Musikbücher und alle Dokumente zum Bau des Gotteshauses.

ALTAR-BALDACHIN

Er ist ein Kuriosum und wohl ebenfalls einmalig in der Welt: Als der Jugendstil-Architekt Antonio Gaudi ihn entwarf, baute er ein

Modell aus Gips, Papier und Draht und hängte es über den Altarraum. So stellte er dar, wie es aussehen würde. Dort ist es aber immer noch zu sehen und wird bewundert! Denn das Original wäre viel zu schwer gewesen, das Deckengewölbe hätte es nicht getragen. Also ließ man das Modell hängen ...

BESICHTIGEN

Der Trick, sie zu besichtigen, auch wenn sie geschlossen ist, kostet 6 Euro (oder mehr) – auf dem Umweg über die Schatzkammer. Von der führt ein Türchen ins Kirchenschiff. Zeiten: Mo–Fr, 10–18.15 Uhr, im Herbst, Winter und Frühjahr ist die Öffnung reduziert. Seit Neuestem werden auch Führungen bis hinauf aufs Dach angeboten.

GESCHICHTE

Wie konnte sich Palma diese Riesenkirche leisten? Die Legende besagt, dass König Jaume I. in einen Seesturm geriet und in seiner Angst die Errichtung der Kathedrale versprach, sollte er gerettet werden. Andererseits stand dort eine Moschee, die bis Ende des 14. Jahrhunderts als christliches Gotteshaus genutzt wurde. Da erschien es wohl geboten, aus der Moschee eine Kirche zu machen. Man gebe sich aber keinem Irrtum hin: Es heißt zwar, 1601 sei die Kathedrale fertig gewesen, aber vor 150 Jahren war sie wenig mehr als eine Halle ohne Turm. Stiche aus der Zeit zeigen das. Aber dann passierte, was auch am Kölner Dom geschah: Plötzlich war Geld vorhanden, den Bau so zu vollenden, wie er geplant war. Von reiner Gotik zu sprechen, ist bei beiden Kathedralen also verfehlt: So wie sie heute aussehen, entstanden sie Mitte des 19. Jahrhunderts. Ob man dennoch aus Kostengründen die Türme so klein hielt, ist nicht belegt.

GLOCKENTURM

Dort entdeckte man 2009 die Darstellung eines Schiffes als gotisches Graffito. Was auf einen weiteren Weltrekord hinweist: La Seu war die einzige gotische Kathedrale, die direkt ans Meerufer gebaut wurde ...

www.catedraldemallorca.org

KERZEN

Es fällt einem zuerst gar nicht auf, dann stellt man überrascht fest – es gibt keine! Seit ein Messdiener vor Jahrzehnten einen Stummel auf einem hölzernen Altar vergessen hatte und der niederbrannte, sind sie verboten. Und das obwohl der Altar durch eine steinerne Kopie ersetzt wurde. Das gibt's in keiner katholischen Kirche rund um den Globus!

KUNSTWERKE

Der jeweilige Erzbischof betrachtet die Kathedrale als „lebendes Museum". Das heißt: Sie soll nie ein Endstadium erreichen, sondern ständig neu und erstklassig dekoriert werden, dem Geist der Zeit entsprechend. So musste das einst als wichtig geltende, heute eher schlicht wirkende Gemälde von Salvator Torres (19. Jh.) einem Werk von Miquel Barceló weichen.

Dieser Künstlergigant schuf 1. für die Kapelle Sant Pere zudem eine 300 Quadratmeter große Keramikverkleidung, auf der die „Wunderbare Vermehrung von Brot und Fisch" zu sehen ist, 2. auf eigene Kosten Ausstattungsteile aus dem hellen Stein von Biniamar: Altar, Präsidialsessel, Chorgestühl, Kerzenleuchter und Lesepult, und 3. mehrere farbige Glasfenster. Die Kapelle Sant Pere, ein Kunstwerk ersten Ranges, ist leider mit einem Makel behaftet, der an der Öffentlichkeit vorbeigeschleust wurde: Barcelo hatte zugesagt, ohne Honorar zu arbeiten, aber als die Kapelle fertig war, präsentierte sein Schweizer Galerist ein Dokument, in dem ihm der Mallorkiner die finanzielle Abwicklung aller seiner Arbeiten übertragen hatte – und eine Rechnung über 1,5 Millionen Euro. Barcelo hatte also tatsächlich persönlich nichts verlangt, aber der Rechteinhaber an Barcelos Schaffen wollte Geld. Der Erzbischof musste zähneknirschend zahlen, reiche Mallorkiner brachten jedoch die Summe durch Spenden zusammen. Viele meinen, dieses Hin und Her zwischen Künstler, der zudem erklärter Atheist ist, und Galerist sei eine abgekartete Sache gewesen.

In den Seitenkapellen verstecken sich großartige Gemälde des Mexikaners Diego Rivera, eines bekennenden Kommunisten, der 1914 einige Monate auf Mallorca verbrachte, die meist übersehen werden.

PORTALE

Besucher fragen sich seit Jahrzehnten, warum das schöne Hauptportal ständig verriegelt ist. Antwort fand ich in einem Reiseführer von 1896: „Weil der Seewind hier oft mit solcher Gewalt eindrang, dass die Gläubigen sich schon unter dem Sturmeswüten des Jüngsten Gerichtes im Tale Josaphat glauben konnten." Das gilt besonders für die Seeseite, wo alle Portale verriegelt und die Fenster abgedichtet sind. Von dort bläst der Wind oft so stark, dass immer wieder Scheiben eingedrückt wurden und Sand eindrang.

ROSETTEN

Die der Ostfassade ist mit 12,55 Meter Durchmesser und 97 Quadratmeter Fläche die weltgrößte. Es wurden 1236 Glasscheiben verwendet. Vergleich: Die Rosette von Notre Dame in Paris ist ein Quadratmeter kleiner. Als 2008 und nach 500 Jahren mindestens 90 beschädigte Scheiben ausgewechselt werden mussten, bestellte man sie bei der Glashütte Lamberts in Waldsassen (Oberpfalz). Diözesanbaumeister Tomeu Bennassar: „Deren Glas kommt den Originalen am nächsten." Allerdings sind die neuen Scheiben drei statt zwei Millimeter dick. Eine geheimnisvolle Verschwörung vermutet man übrigens in der Rosette oben in der Mauer, wenn man in der Mitte des Kirchenschiffs steht und zum Altar blickt: Deutlich erkennbar (von außen noch eindringlicher) ist in der Struktur der bunten Glasscheiben ein Davidstern ...

SÄULEN

Einzelne verweisen vom Stil her auf ein früheres Gebäude, möglicherweise die zugrundeliegende Moschee.

SHOP

Hier sieht man durch eine Glasscheibe in den „Keller", wo drei Steinsockel stehen. Viele dieser Podeste (diese sind die letzten, die überlebt haben) säumten einst die römische Straße, die unter dem Laden verlief, und trugen Statuen.

SÜDPORTAL

Man sollte einen genauen Blick auf das Bogenfeld über dem Südportal richten: Es zeigt ein Abendmahl, aber die Diener an den Enden der Tafel tragen nicht, wie üblich, römische Gewänder, sondern die alte mallorkinische Tracht.

TERMINE

Zwei Tage sollte man sich merken, wenn sie wolkenlos sind: den 2. Februar und den 11. November, 9 bis 9.05 Uhr. Da steht die Sonne so, dass der leuchtende Widerschein der großen Rosette genau auf die kahle Stelle zwischen Eingangsportal und kleiner Rosette fällt, und zwar so, dass der Widerschein mit der kleinen Rosette eine leuchtende 8 bildet. Später wandert der Widerschein mit der Sonne weg. Man begreift, warum die kahle Stelle nie verbaut oder geschmückt wurde – wegen dieser zwei mal fünf Minuten im Jahr ...

TOILETTE

Beim Besuch der Kathedrale bietet sich die einmalige Chance, ein gotisches WC zu benutzen. Denn auf dem Weg zwischen Kirche und Ausgang gibt es einen herrlichen Torbogen in Stein, hinter dem die Toilette installiert ist ...

URSPRUNG

Kurios ist, dass die Kathedrale genauso steht wie die ursprüngliche Moschee und das heißt: Die Gläubigen blicken, wenn sie zum Altar schauen, nach Osten – nach Mekka ...

ZITATE

1. Nach einem Besuch war der Maler Joan Miró derart inspiriert, dass er ein Meisterwerk schuf, den Bilderzyklus „Constellacions".

2. Der französische Romancier Paul Morand (1888–1976) schrieb, diese Kathedrale sei „neben denen von Chartres und Durham das gewaltigste Bauwerk des westlichen Glaubens".

3. Ein nachdenklicher Tourist sagte nach dem Besuch: „Tritt man aus der Kathedrale ins Freie, erscheint alles viel kleiner, selbst das Meer."

4. Blanken Hochmut darf man in der Inschrift vermuten, die über dem Westportal zu sehen ist. Da steht: „Es ward nie ein solches Kunstwerk im ganzen Universum geschaffen". Zur Rede gestellt, behaupteten die Steinmetze, dieser Satz beziehe sich auf die „Mitwirkung der Muttergottes am Bau" – und deshalb blieb er stehen.

ZAHLEN

Altar: 3,07 m lang
Angestellte: 26
Bauzeit: 675 Jahre: 1229 bis 1904.
Chorgestühl: 110 Sitze aus Nussbaumholz von 1329
Decke: 4250 qm
Fenster: 91, aber die Hälfte ist vermauert bzw. verborgen
Gläubige: 1800 passen rein, wenn sie alle stehen
Glocken: 9, die größte „N'Eloi" wiegt 4500 kg
Glockenturm: 47,80 m hoch, 2,51 m dicke Mauern, 215 Stufen
Hauptportal: 15 m hoch
Hostien: 54 000 bei jeder neuen Bestellung
Innenbreite: 39,46 m
Innenfläche: 6600 qm
Innenhöhe: 43,76 m
Innenlänge: 121 m
Innenraum: 160 000 m^3
Messen: 700 pro Jahr
Messwein: 75 Liter pro Jahr
Mittelschiff: 43,74 m hoch, 21 m breit, 19,23 m lichte Bogenweite
Priester: 24
Rosette: 12,55 m Durchmesser
Säulen: 14; 21,47 m hoch und 1,48 bis 1,68 m dick

Seitenkapellen: 18 und alle messen 16,35 x 7,65 x 6,70 m
Südfassade: 118,4 m lang
Westfassade: 61,70 m hoch

Eine der schönsten Geschichten, die sich um die Kathedrale ranken, hat den Schweizer Handwerker Klaus Kalbermatten zum Helden. Dieser Mann stellt bis heute ein Geheimnis dar, denn man weiß nicht: Haben ihn die Eidgenossen erfunden oder gab's ihn wirklich? Verdankt ihm die Insel viel oder hat ein schriftstellernder Landsmann ihm zu fiktivem Ruhm verholfen? Die Geschichte geht so:

Kalbermatten, Glasmaler aus dem Oberwallis, wanderte im 14. Jahrhundert durch Europa, wurde „von ungefähr auf die einsame Insel verschlagen“ und bekam Arbeit am Bau der Kathedrale, denn Künstler, die glasmalen konnten, waren selten. Er schaffte das Langfenster an der Südseite der Mittelapsis aus Hunderten geätzter und bemalter Glasscherben und schmückte es mit einer leuchtenden Santa Eulalia. Dazu benötigte er eineinhalb Jahre, weil es ihm nicht nur auf die Schönheit des Fensters ankam, sondern auch auf die Wirkung des durch sein Fenster einfallenden Lichts auf die gelben Mauern und Pfeiler aus Mares-Quadern.

Der Bischof war von Kalbermattens Arbeit begeistert, aber nicht gut bei Kasse und versuchte, das Honorar nur teilweise in Dukaten auszuzahlen, den Restbetrag in der damals populären geistlichen Münze – Sündenablässen. Das lehnte der Schweizer ab, bekam sein Geld und einen weiteren Auf trag: das nördliche Glasfenster der Apsis. Beide Kunstwerke sind heute noch zu bewundern – und rechts neben dem Eingang zum Diözesan-Museum auch das einzige Fenster, das ein Deutscher in die

Kathedrale einbauen durfte: Nils Burwitz aus Valldemossa. Dank neuester Glastechnik zeigen seine pastell-bunten Scheiben ein anderes Bild von außen als von innen ...

Bei der Finanzierung kam es trotzdem zu einem königlich-mallorkinischen Krimi, aber ihn zu schildern, würde dieses Buch füllen. Der Schweizer Schriftsteller Emanuel Stickelberger (1884–1962) hat ihn 1922 in seiner Novelle „Der König von Mallorka" (mit k) geschildert und Kalbermatten, der auf der Insel völlig unbekannt ist, ein Denkmal gesetzt.

DARF'S ETWAS MEER SEIN?

Hoch interessant, der Wechsel von Einst zu Heute auf dem Immobilienmarkt. War früher für die Deutschen Meerblick unverzichtbar, ist heute die Ebene attraktiv – und einige ziehen freiwillig in die Berge. Aber ganz einsam möchte keiner wohnen. Aus Angst …

„Val mes aprendre de vell que morir ase."

„Es ist immer noch besser, etwas im Alter zu begreifen, denn als Esel zu sterben."

(Besser spät als nie!)

Es war einmal … – da musste ein Haus oder eine Wohnung Meerblick haben. Was ein verständliches Ansinnen war, warum sonst zieht man auf eine Insel, die von Wasser umgeben ist? Und da auch an der Küste Berge stehen, die zwar nicht hoch sind, aber hoch aufragen, konnte man auch aus der zweiten Reihe das Wellenspiel genießen. Was etwas preiswerter war. Ganz abgesehen davon, dass in der Neuzeit keiner privat am Strand bauen durfte. Weil der Meerzugang nach spanischem Recht öffentlich ist und bleiben muss.

Vor 50 Jahren war es normal, in Hörweite des Meeresrauschens zu wohnen. Kein Mensch zog in den Pla oder die Bergtäler. Fast alle Urbanisationen liegen an der Küste. Dann wurden Ufer-Grundstücke rar und der Meerblick teurer. Zumal man einige Hügel terrassieren musste, um weitere maritime Logenplätze zu bekommen.

Aber diese Entwicklung ging einher mit dem Erscheinen kluger Genießer. Sie mochten zwar auch das Meer, aber wollten Urbanisationen und dem Strandgetümmel entkommen. Plötzlich wurden Siedlungen interessant, die in der Romantik des Hinterlandes lagen und doch vom Meer keine fünf Minuten Autofahrt entfernt.

Entscheidend für einen Immobilienkauf auf Mallorca ist die Lage. Sie ergibt sich klugerweise aus folgenden Fragen, die aber – zugegeben – nur die wenigsten Ausländer stellen:

1. Woher bläst der lästige Wind,
2. Bringt er den roten Saharasand,
3. Woher peitscht der Regen,
4. Wo könnte ein Waldbrand ausbrechen,
5. Wo hat man die meiste Sonne.

Man sollte sich darüber klar sein, dass die Mallorkiner erfahrene Leute sind. Jede ihrer Fincas wurde nach klugen Prinzipien so gebaut, wie sie jetzt steht. Aussicht hat sie kaum interessiert. Dafür lebten sie windgeschützt, von der Sonne verwöhnt, bei Regen und Feuer sicher. So traumhaft es an Stränden und Berghängen ist – was man dort als Tourist erlebt, hat wenig mit den Erfahrungen der Hausbesitzer zu tun. Denn Mallorca ist eine raue Insel mit Orkanen, Tropenschauern und Gewittern, die einem durch die Druckwelle der Donnerschläge fast die Hütte abdecken.

Die nächste Immobilien-Phase: Fincas in der Ebene, draußen auf dem Land, in der bäuerlichen Einsamkeit. Damals begannen andere, sich in den Bergdörfern einzukaufen und schufen sich Privatmeere in Form von Pools. Und dann kamen die, die erkannten, wie schön Mallorcas Orte sind. Stadtwohnungen – je höher gelegen, je gesuchter, je „Penthäuser", desto teurer - wurden interessant. Im Idealfall wieder mit Meerblick, aber warum nicht auch die Rosette der Kathedrale vor Augen? Oder eine Wohnung in der kleinstädtischen Heimeligkeit von Sineu oder Santa Maria del Cami. Zumal dann, als Autobahnen die Stille zurückbrachten, weil die Autos um die Orte herumgeführt wurden.

Ums Jahr 2003 begann etwas ganz Neues, und kaum einer bemerkte es damals: Top-Manager und Industrielle trafen ein. Erfolgreiche Unternehmer und Millionäre, die zwar auch auf den Preis schauten, aber bereit waren, ihre Träume üppig zu finanzieren. Seitdem werden Villen im zweistelligen Millionenbereich angeboten und gekauft. Für die Bosse ist das Meer kein Argument, sie lassen sich Pool-Landschaften bauen, die weit größer sind als der Platz, den sie je am Strand belegen könnten. Zudem besitzen die meisten Yachten, auf denen sie genauso einsam – und sicher – sein können wie in ihrer Immobilie. Und mehr Meer geht nicht ...

Genau das ist es, was Immobilien auf Mallorca so interessant macht: die Vielfalt. Hier wird jeder Geschmack bedient und jeder nach seinem Bankkonto. An Angeboten mangelt es immer noch nicht. Weder am Meer, noch in der Pla, und auch nicht in den Bergen und Städten. Und dass Grundstücke eine gewisse Quadratmeterzahl aufweisen müssen, ehe man ein Haus errichten darf, ist an sich eine gute Sache, um Zersiedelung zu verhindern. Man kann davon ausgehen, dass 30 000 Quadratmeter die durchschnittliche Mindestgröße sind, aber einige Orte haben die Latte viel höher gelegt: in Alaró zum Beispiel sind 100 000 Quadratmeter gefordert.

Die Bestimmung war vordergründig gegen hässliche Urbanisationen und Wohnbatterien von Ferienausländern gerichtet, kehrt sich aber gegen junge Mallorkiner, deren ererbtes Land nicht mehr ausreicht, sich darauf ein Häuschen zu bauen. Eine Katastrophe bei vielen Geschwistern. Das hat zu Verstimmung geführt, da Einheimische für diese indirekte Entwicklung die Ausländer direkt verantwortlich machen.

Mallorca, nur zu rund 20 Prozent besiedelt, hat nach einer Studie der Balearen-Universität noch Platz für eine Million Menschen, ohne zerstört zu wirken. Das wäre eine glatte Verdoppelung der Einwohnerzahl. Im Winter 2002 verkündete Bauminister Francesc Quetglas eine Studie seines Hauses, nach der noch Platz für Wohnraum ist, in dem 582 670 Neu-Insulaner einziehen können. Die liberale Politikerin Maria Antonia Munar, eine gnadenlose Populistin, die dann eine Meinung vehement vertrat, wenn sie gerade Stammtisch-Überzeugung war, forderte jedoch im Sommer 2006 plötzlich „eine Begrenzung der Immigration. Die Aufnahmefähigkeit der Insel ist erschöpft".

Wirklich? Nicht dass das erstrebenswert wäre, aber das Geschrei, Mallorca werde zersiedelt und laufe Gefahr, das „Gesicht" zu verlieren, kann sogar wissenschaftlich widerlegt werden. Aber es macht sich gut beim Stimmenfang in den Wahlkämpfen. Inzwischen stimmen sogar wohlmeinende, aber ahnungslose Ausländer in das Gebrüll ein, und es sind meist die, die bereits eine schöne Immobilie besitzen und nicht „zugebaut" werden sollen ...

2008 wurde es populär bei Händlern und Kunden, Liegenschaften der absoluten Spitzenklasse wochenweise anzubieten und zu bewohnen. Darunter sind Objekte, die bis zu 50 Millionen Euro (einige sogar mehr!) kosten würden, wenn man sie kaufen wollte. Meist sind sie gar nicht bekannt, weil sie versteckt liegen, nie öffentlich erwähnt werden und derart teuer sind, dass man sie unter der Hand handelt, das heißt ohne Aufsehen und oft undokumentiert, wenn Sie wissen, was ich meine.

So eine Immobilie ist das Castell de Manresa. Es liegt auf einer nur für Eingeweihte erreichbaren Landzunge in der Bucht von Pollença, besitzt fast einen Kilometer Küstenlinie und eine Parkanlage von circa 230 000 Quadratmeter. Da der Besitz auch noch hügelig ist, erlaubt er einen Rundblick von 360 Grad – atemberaubend weit hinaus aufs Meer und zu den dramatischen Felszungen, die es links und rechts einrahmen. Kern ist eine Festung von 1715 (die alten Kanonen ruhen noch in ihren Schützengräben), die auf höchstem Lebensart-Niveau renoviert, von einem bekannten Innenarchitekten ausgestattet und mit letztgültiger Technik versehen wurde. Zum Haupthaus gehören eine Gästevilla im arabisch-marokkanischen Gemütlichkeitsstil und drei weitere Häuser, sodass Castell de Manresa über 13 Schlafzimmer mit En-suite-Bädern verfügt. Dazu kommen weitläufige Terrassen, ein Pool, ein Tennisplatz und Reitmöglichkeiten.

Interessenten sollten von 30 000 bis 100 000 Euro Miete pro Woche ausgehen, abhängig von der Anzahl der Gäste.

Typisch: Wenn ein Objekt wirklich schön ist, lassen sich Käufer auch von Illegalitäten nicht abhalten, sie legalisieren sie entweder später oder leben auf Risiko. So geschehen bei einer Finca im Tal von Soller. Ein Deutscher hatte den Vertrag unterschrieben, den Kaufpreis gezahlt und war eingezogen. Sicherheitshalber, wenn auch zu spät, hatte er den Kaufvertrag einem Anwalt zum Gegenlesen gegeben, und der entdeckte, dass der Wohnraum die zulässige Menge um 50 Prozent überstieg, der Weg zur Finca unerlaubterweise asphaltiert worden war, der Pool nicht im Bauplan steht und das Haus unterkellert wurde, obwohl auch das illegal ist. Als sich der Deutsche beim Makler beschwerte, verwies dieser auf die Unterlagen, die beim Kauf überreicht worden seien, „da steht doch alles ganz genau drin" – samt einem Paragraphen, den der Käufer in seiner Euphorie übersehen hatte: Dass er das alleinige Risiko zu tragen habe, falls es gegen den Bau behördliche Einwände gäbe.

Was nun? Rücktritt vom Kauf kam nicht in Frage, zudem war er ja bereits eingezogen. Der Deutsche hat lange mit seinem Anwalt, einem cleveren Mallorkiner, diskutiert, ob er die Behörden informieren und um eine Art „Gnadenakt" für die nachträgliche Genehmigung bitten soll, was beim damaligen Stand des politischen Klimas ein Risiko darstellte. Oder ob er die Sünden verschweigen sollte. Sie entschieden sich dafür.

Abriss ist das Schlimmste, was dem Schwarzbauen folgen kann. Von ihm waren auch die Tennis-Legende Boris Becker und einige Hotels betroffen, und wie der juristische Beschluss, Häuser abzureißen, im Detail funktioniert – und wie ungerecht und willkürlich er oft ist – erlebte man in Llucalcari. Dort waren Ende der 1980er-Jahre vier Häuser, eine Garage und eine Zufahrtsstraße ohne Genehmigung gebaut worden. Das störte keinen und nach Auskunft des Bürgermeisters von Deia fehlte die rechtliche Grundlage, Verfahren gegen die Besitzer einzuleiten. Nach etwa zehn Jahren, die Häuser waren längst bezogen, genehmigte sich die Gemeinde einen neuen Flächennutzungsplan, nun existierte eine Handhabe gegen illegal gebaute Häuser und Straßen, der Umweltschutzverband G. O. B klagte und erreichte vor dem Obersten Balearischen Gerichtshof ein Abrissurteil.

Obwohl, wie im Fall Becker, der schlechte Beigeschmack bleibt, dass ein neuer Flächennutzungsplan rückwirkend angewandt wurde! Der Gemeinde Deia gefiel das Urteil auch nicht, sie war solidarisch mit den Hausbesitzern. Aber das interessierte scheinbar keinen, der Inselrat bestand auf Abriss.

Es trifft aber nicht nur angeblich megalomanische Bauherren aus dem Ausland, in Santanyi musste der Finanzstadtrat seine

Finca durch Abriss wesentlich verkleinern: Statt den genehmigten 90 hatte er 270 Quadratmeter Wohnfläche umbaut. Übrigens: Nette mallorkinische Nachbarn hatten ihn angezeigt ...

Aus Son Servera wird ein Kuriosum berichtet: Der Umbau der Polizeiwache ging ohne Genehmigung vonstatten. Der Bürgermeister gab's zu. Die Folge: Abriss!

Das Chaos begünstigt Abzocker und besonders Ausländer sind da ziemlich hilflos gegenüber Einheimischen. Beispiel: Ein Deutscher aus Soller verkaufte seine Finca einer mallorkinischen Familie für 200 000 Euro. Da diese den Kaufpreis nicht sofort zahlen konnte, stundete er die Hälfte für ein Jahr und war einverstanden, dass die neuen Besitzer ins Grundbuch eingetragen wurden. Als er die restlichen 100 000 Euro kassieren wollte, teilte ihm die Familie mit, dass er sie nicht erwarten könne. Denn die Finca weise erhebliche Mängel auf und sei die 200 000 Euro nicht wert. Sollte der Deutsche auf seinem Geld bestehen, müsse er es einklagen. Er verzichtete zähneknirschend, obwohl keiner der Vorwürfe zutraf. Aber ein Prozess hätte sich jahrelang hingezogen, Geld gekostet und verloren gehen können.

So etwas kommt erstaunlich häufig vor, andere sagen: täglich, und jedes Jahr werden die Betrüger dreister. Ein Fall aus der Cala Llamp demonstriert das mehrfach:

1. Ganoven traten als Besitzer der „Mutterfinca" auf, also des Gesamtgrundstücks, legten ein entsprechendes Dokument vor, dass noch nicht mal gefälscht war (sondern gestohlen oder sehr gut kopiert), und machten Käufern weis, sie könnten alle Parzellen verkaufen – obwohl einige bereits, wie man leicht sehen konnte, bebaut und bewohnt waren. So verscherbelten sie besonders attraktive Fincas zwei- oder sogar dreimal.

2. Sie gaben sich als rechtmäßige Besitzer von bereits verkauften Parzellen aus, legten auch hier Dokumente vor und verkauften, was ihnen gar nicht gehörte. Wobei der eigentliche Skandal in der Schlampigkeit der Grundbuchämter und Notare liegt: Sie beurkundeten und dokumentierten die Betrügereien anstandslos, weil sie sich nicht die Mühe machten, die Dokumente gegenzuchecken!

Im Dezember 1997, also noch nicht allzu lange her, erschien im „Mallorca Magazin" folgende Kleinanzeige:

Cala Mayor - Calle Joan Miro, 8. Stock,
Appartement mit herrlicher Aussicht,
zwei Schlafzimmer, Wohnzimmer, kleine Küche,
Badezimmer, Terrasse, renoviert.
Mit gesamter Einrichtung zu verkaufen.
Festpreis 9,5 Millionen Pesetas

Das waren rund 57 000 Euro. Hätte man das nur gekauft! Zehn Jahre später musste man für dieses Apartment das Zehnfache zahlen: 570 000 Euro. Und nur die Krise hat eine Preisexplosion in den siebenstelligen Bereich gestoppt.

Und was ist mit der Finanzkrise? Speziell das Platzen der spanischen Wirtschafts- und Immobilien-Blase schlug sich auch die Lage auf dem mallorkinischen Markt dramatisch nieder. Der spezialisierte Anwalt Dr. Achim Reichmann in Palma warnte seine Klienten, dass die Preise seit 2007 stetig gefallen seien und sich im Sommer 2012 etwa auf dem Niveau von 2003 befänden, eine Besserung sei nicht in Sicht.

Stein um Stein

Erstaunlich, wie viele prominente Archiekten sich manifestiert haben. Ich nenne hier die sechs berühmtesten:

Guillem Sagrera *(1387-1480)*: Er hat wie kein anderer Palma geprägt, denn er entwarf die Kathedrale und die Llonja und wurde der bedeutendste Vertreter der Katalanischen Gotik. Dem König waren allerdings seine Rechnungen zu hoch, weshalb er Sagrera nach Neapel verbannte, wo er das Castell Nuovo renovieren musste.

Antoni Gaudí *(1852-1926):* Der Jugendstilkünstler aus Barcelona arbeitete zwischen 1899 und 1914 auf Mallorca, man erkennt seine Handschrift in vielen Bauten Palmas und an der Kirche in Son Carrio. Vor allem gestaltete er die Kathedrale um.

Gaspar Bennassar *(1869-1933)*: Er war kommunaler Bauchef der Stadt Palma und muss als großer und letzter Baumeister des Jugendstils in der Inselvariante „Modernismo" gelten (1869-1933). Der zwirbelbärtige Bennassar schuf das heutige Bild der Ciutat, auf ihn gehen die Avenidas zurück und er plante die Neustadt jenseits der Avenidas. Sein Werk ist an vielen öffentlichen und privaten Bauten zu genießen, auch wenn sein Name fast vergessen ist. Zudem ist man brutal mit seinem Erbe umgegangen: abgerissen, vernachlässigt, ruiniert durch grauenvolle Nebenbauten. Großartigster Bau: die Villa Schembri in El Terreno.

Heinrich Mendelssohn *(1881-1959)*: Der Berliner war zwar mehr Bauunternehmer, aber er hat deutliche ästhetische Spuren hinterlassen, etwa in Berlin das Deutschland-, Amerika- und Europahaus. 1933 kam er als Emigrant nach Mallorca und taucht wenigstens in Dokumenten auf – den Projektplänen für den Bau von Santa Ponca ...

Hassan Fathy *(1900-1989):* Der Architekt aus Kairo ist mit einem Bauwerk vertreten, das er realisierte, als er bereits 78 war: Sa Bassa Blanca, das orientalische Palais von Ben Jakober und Yannick Vu auf der Halbinsel Victoria im Norden Mallorcas (bei Alcudia) Für mich ist es, samt Umgebung, das prachtvollste Haus der Insel. Jeder Aufenthalt dort ist ein Geschenk des Himmels.

Jørn Utzon *(1918-2008):* Er ist der Erbauer der berühmten Oper von Sydney, ein Däne, der sich 1973 auf eine Meeresklippe bei Porto Petro ein Privathaus namens „Can Lis" stellte, zu dem Architekturstudenten pilgern – so viele tolle Dinge sind da zu sehen. Beispiel: Die steinernen Wände stoßen nie aufeinander, zwischen ihnen liegen schmale Glasfugen. Das bewirkt eine unerklärliche Leichtigkeit, das Haus scheint zu schweben. Der Riese aus Kopenhagen (er maß zwei Meter) erbaute sich später ein weiteres Haus, ähnlich dramatisch, in s'Horta: „Can Feliz".

37 KLEINE KÖNIGREICHE

Keiner kennt die noblen Herrschaften, dennoch sind sie mächtiger als anderswo. Jeder würde gern mal ihre Paläste besichtigen, aber da muss man einen Grafen schon sehr gut kennen. Warum diese Scheu? Weil da drinnen Dinge zu sehen sind, die einen mit offenem Mund staunen lassen …

„Es resar no fa mal de morros."

„Beten schadet den Lippen nicht."

(Man weiß ja nie …)

Der Historiker Mascaro Passarius hat die noblen Familien erforscht und kam auf 37. Sie vermehrten sich traditionell fruchtbar und so spricht man von den „Oberen 600". Der Adel stammt meist aus der Zeit der Wiedereroberung von den Mauren um 1300, sein Credo ist strenger Katholizismus. Der deutsche Schriftsteller Ernst Alexander Rauter schrieb: „Was Kriege und Bagger auf dem Kontinent unserer Vergangenheit getilgt, hier ist beinahe alles noch da, der ganze 7000-jährige Kalender. Man sucht sich einen Namen aus dem Geschichtsbuch, etwa Graf Zavella, Vizekönig des Königreichs Mallorca im 16./17. Jahrhundert, und schlägt im Telefonbuch nach. Da steht er, wohnt in seiner eigenen Straße Nummer 2, im alten Palast."

Wie liebenswürdig eigenwillig der Adel sein kann, erlebte ich in eben jenem Palacio Vivot des Grafen Zavella in Palma. Ich war für eine Fotoreportage angemeldet, der junge Conde Pedro de Montaner empfing mich und stellte seinen Vater vor, den alten Conde, der einen blauen Mechaniker-Overall trug und eine Werkzeugkiste schleppte. Meinen erstaunten Blick beantwortete der Junior so: „Mein Vater ist handwerklich sehr geschickt und er dachte, Sie könnten einen Assistenten benötigen, wenn Sie Leitungen für die Beleuchtung legen, Leitern aufstellen oder Fenster geöffnet werden müssen. Außerdem kennt er sich sehr gut aus in seinem Palast." Der Alte erwies sich tatsächlich als hilfreich, vor allem als er beschlossen hatte, selbst mit uns zu reden.

Der junge Conde führte mich mal in den kleinen Turm, der sein Palais krönt und den fast alle Adelshäuser besitzen, und erklärte mir den Sinn: „Immer wenn ein Schiff erwartet wurde, stieg ein Dienstbote hier herauf, und wenn er den Namen des Schiffes erkennen konnte, meldete er ihn nach unten. Wurde ein Gast erwartet, rollte dann eine Kutsche zum Hafen, um ihn abzuholen." Die Türme, die alle die Mole im Sichtfeld haben, waren Auslug und Frühwarnsystem.

Wie reich der Insel-Adel ist, kann man vage an folgenden Zahlen ablesen: Nur 66 Prozent der landwirtschaftlichen Fläche werden von Besitzern beackert, 34 Prozent haben sie gepachtet, und das bedeutet mehr oder weniger: rund ein Drittel Mallorcas gehört immer noch dem Adel. Das hat folgenden Grund: Als König Jaume I. Mallorca von den Arabern zurückeroberte, verteilte er riesige Inselflächen an die neun Adeligen, die ihn auf seinen Expeditionen begleitet hatten. Und wegen ausgezeichneter Vermehrung, existieren diese Familien bis auf eine oder zwei Ausnahmen heute noch. Samt ihren Ländereien und den Palästen, meist einen in Palma und einen zweiten auf dem Land.

Innerhalb des kaum zugänglichen Adels existiert eine weitere Abgrenzung, die eine besonders feine Nobilität markiert: die uralte, früher mal eingeschlafene, aber 1955 neu gegründete „Unió de la Noblesa de l'antic Regne de Mallorca", die an Mitglieder einen goldenen, mit emaillierten Insignien und dem Wappen des Königreichs Mallorca verzierten Stern am Schulterband vergibt. Sie ist die Nachfolgerin der „Cofradia de San Jorge", die 1460 gegründet wurde und 1776 aufgelöst wurde. In die Unió kommt nur, wer katholisch ist, und, wie es so schön heißt, „die Legitimation besitzt, feinstes christliches Blut in seinen Adern zu haben und seit Jahrhunderten nachweisen kann, aus der ersten Linie zu stammen". Gemeint ist damit die Qualität der ererbten Titel.

2009 waren etwa 90 Herren und 20 Damen in diesem Eliteklub, Chef war jahrelang Ferran de Villalonga i Truyols, Ehrenmitglieder durften König Juan Carlos und sein Vater sein. Die Union veröffentlicht bei der Imprenta Guasp in Palma Jahrbücher, die kostbar in Leder gebunden und mit einer goldenen Krone verziert, nur 11 mal 16 Zentimeter groß, bebildert und 228 Seiten stark sind.

Übrigens: Die Adelsdichte hat dazu geführt, dass sich Läden auf Mallorca speziell auf diese Klientel spezialisiert haben, das heißt: nur Waren von ausgesuchter Noblesse anbieten. Einer dieser Shops ist der Herrenausstatter Sires im Carrero d'en Brondo in Palma.

Ein sehr spezieller Adeliger begegnete mir in Palma: Der Baron und seine Bilder. Das Erlebnis ist so unbegreiflich, dass ich es selbst von Zeit zu Zeit nachlese, um mich daran zu erinnern …

Es ist eine jener Geschichten, die man gerne wiederholen möchte. Noch einmal erleben. Zumindest so verifizieren, dass man sie besser erzählen kann. Denn was ist eine Geschichte ohne Namen und Ort? Was ich habe, sind Zeit des Geschehens und ein paar Gemälde. Das ist der Beweis. Aber manchmal befriedigt der nicht, man möchte eine zweite Chance haben. Auch Habgier dringt durch, denn vielleicht gebricht es dem mysteriösen Herrn aus dieser Geschichte erneut an Bargeld und er wäre bereit, mir noch ein paar andere Bilder ... – aber ich will nicht vorgreifen.

Es war an einem Samstagmorgen im Sommer auf dem Flohmarkt in Palma. Ich wanderte die rechte Seite ab, wenn man vom Meer kommt, und tat dies nicht, weil dort die interessanteren Waren ausliegen, sondern weil dort Schatten fällt. Einige Meter nach dem Maronenmann auf der T-Kreuzung, der einem die Ohren abschreit mit seinem grellen Gerufe, das wie „Bilbilbilbil-Bilbilbilbil" klingt, stehen immer die Zigeuner mit Möbeln, Spiegeln und Gemälden. Es hing ein schönes da, darauf möchte der Weiler Moscari zu sehen sein, um 1900 gemalt. Nichts museales, aber professionelle Kunst in Öl, kein „Sonntagsbild", und es sollte 10 000 Pesetas kosten, trotz der Größe von 150 mal 100 Zentimeter und eines guten Rahmens aus der Zeit. Das wären heute circa 50 Euro.

Da sprach mich ein Herr an, der wie ein Mann aussah: alter Anzug, billige Schuhe, schmuddeliges Hemd, schlecht rasiert, unfrisiert. Aber er sprach gut, gebildet artikulierend, höflich und seine Zähne waren geputzt. Er sähe, dass ich an Bildern interessiert sei, sagte er, und dass ich mich der alten Malerei nicht nähere wie ein Tourist oder einer, der gerahmte Farbe benötige für eine kahle Fincawand. Er könne meinen Respekt erkennen selbst vor diesem nicht sehr bedeutsamen Werk, das mache ihm Mut, mir eine Frage zu stellen: Ob ich interessiert sei, wirklich gute Bilder zu sehen. Erstmal nur zu sehen, dann würde man weiter sehen.

Ein seltsames Angebot. Ich misstraute ihm. Nein, nicht eigentlich dem Mann, er redete zu kultiviert, obwohl es Ganoven geben mag, die Kunstgeschichte studiert haben. Auch auf Mallorca.

„Wie soll das gehen?“, fragte ich den Herrn.

„Haben Sie einen Wagen?“, fragte er zurück.

„Warum?“, fragte ich ihn.

„Wir müssten in die Berge hinter Palma fahren“, sagte er. Er selbst habe leider kein Auto und bitte das zu entschuldigen, also müssten wir, wenn wir führen, auf meins zurückgreifen. Ich beschloss, das Abenteuer zu wagen. Geleitete den Herren zu meinem über 30 Jahre alten CV2, er bewunderte das unverwüstliche Fabrikat französischer Automobilbaukunst und stellte sich vor: Er sei der junge Conde de ..., – und ich schwöre, ich habe den Namen verstanden, aber vergessen. Nichts ärgert mich mehr an dieser Geschichte. Auch ich stellte mich vor, mit Handschlag, dann stiegen wir ein, fuhren ... – und halten Sie mich für einen Idioten, ich verzeihe Ihnen. Ich weiß noch, dass wir auf die Cintura abbogen und die Ausfahrt nach Esporles nahmen. Aber dann verliert sich unsere Spur.

Das ist das, was mich am zweitmeisten ärgert: Dass ich nicht mehr genau weiß, wo wir abgebogen sind von der „gelben“ Straße. Nach Establiments? Vielleicht. Nach Son Berga? Wahrscheinlich. Nach Es Verger? Möglich. Dutzende Male habe ich versucht, die Fahrt auf einer Landkarte nachzuvollziehen mit dem Zeigefinger. Ich kam ungefähr an, aber nur ungefähr.

Plötzlich fuhren der Conde und ich durch eine Allee glattbäuchiger Platanen, durch ein gewaltiges Mares-Tor mit einem skulpierten Wappen darüber und in einen Innenhof, der lange keinen Verkehr und Besen gesehen hatte. Ein Portal öffnete sich am Ende einer wohl zwanzigstufigen, von frischem Moos und Blättern vom letzten Herbst schlampig belegten Freitreppe und die führte zu einem weiteren, dunkleren, aber breiteren und höheren Treppenaufgang, und der Herr neben mir in der „Ente“ sagte, plötzlich flüsternd, ich solle sie links an der Parterrewand parken, damit sie versteckt sei und vom Haus aus nicht gesehen werden könne.

Dann stiegen wir aus, ohne Türen zu werfen, so viel hatte ich inzwischen kapiert, und auf der Treppe erschien ein greiser, weißhaariger, gebeugter Diener mit Jahrhundertfalten im Gesicht, der in einer Livree steckte, die wohl schon sein Großvater und Vater getragen hatten, ohne dass sie in der Zwischenzeit einer Wäscherei übergeben worden war. Die Fäden hingen herunter von dem, was einst weinrote Seide gewesen war, und aus den Ärmeln lugten Jabots, die an zerfetzte Taschentücher erinnerten. Es fehlten so viele Knöpfe an der unterwürfigen Uniform, dass ich aus dem Grübeln, wie sie dennoch geschlossen werden konnte, gerissen werden musste durch die Bemerkung des Herrn, dies sei Jaume, er stehe seit 70 Jahren in Diensten der Familie, sei ihm besonders zugetan und deshalb diskret, und werde uns nun ins Haus führen, der ein Palast gewesen sei, ehe ihm der Verfall durch Nachlässigkeit und Armut den Glanz genommen habe.

Der Satz gefiel mir sehr. Außerdem, so teilte der Herr mit, werde Jaume sich jetzt um seinen Vater kümmern, den alten Conde, der sein Bett seit 30 Jahren nicht mehr verlassen habe, das werde uns ermöglichen, „den Familienbildern näherzutreten“. So war seine Formulierung, ich wiederhole sie nur.

Was hatte ich erwartet? Nichts, und deshalb war ich nicht verschreckt. Ja, wäre der Palast der Prado gewesen, und hätte man im Prado eine Generation lang nichts getan, kein Fensteröffnen, kein Restaurieren, kein Staubwischen und -saugen, keine Schädlingsbekämpfung, dann wäre ich erschrocken. Aber hier?

Es sah so aus: Dunkel, staubig, abgerissen, schäbig. Ein Jammer. Schätze, über die die Zeit weggefegt war ohne Bürste oder Besen, standen herum. Paradies für Holzwürmer, Motten und Ratten. Zerplatztes Parkett, in Streifen herunterhängende Tapeten, brüchiges Mobiliar von Holzspänen umgeben, die mal Furnier waren. Ich erkannte einige Renaissancereliquien. Glas lag vor erodierten barocken Anrichten, an denen zerbrochene Fensterchen gähnten. Stuckbrocken waren aus der Decke gestürzt und hatten kalkige Muster auf Teppiche geworfen, die man nicht betreten mochte, um mit den Schuhen nicht die letzten Fäden zu ziehen. Eine Ruine des musealen Grauens.

Aber überall Gemälde in herrlichen goldenen, jetzt schwarz verdunkelten Rahmen. Wände waren bedeckt mit ihnen: Porträts, Stillleben, Landschaften, Schlachten, Höfisches, Ländliches. Das Bild da drüben mochte ein Velasquez sein (der Herr nickte), ich erkannte zwei Goya und einen Murillo-Jungen. Das ging so bis ins späte 19. Jahrhundert, bis Sorolla und mein besonderer Liebling Anglada. Dann brach die Sammlung ab, die, so schätze ich, allein in den Sälen, die ich sah, 200 bis 300 Bilder umfasste. Es seien an die 700, alles in allem, korrigierte mich der Herr. Die meisten lagerten in Kellergewölben, seien nie aufgehängt gewesen aus Platzmangel, was aber seine Vorfahren nicht abgehalten hatte, damals, als noch Geld da war, zu kaufen, was sie kriegen konnten.

„Totes Kapital", sagte der Herr, und damit waren wir beim Thema. Sie nähmen nur Platz weg, sagte er, und während er nicht wisse, woher ein sauberes Hemd nehmen, und Jaume seit Jahren keinen Lohn mehr bekommen habe und er kaum mehr als 20 Duros im Monat für Zigaretten, einen Cortado oder gelegentlich einen Palo habe (das sind 100 Pesetas oder nicht mal ein Euro in der uralten, aber beim Adel immer noch beliebten Währungseinheit), hingen und standen Millionen in der Palastruine. Aber der Vater, ein Diktator, der keine Widerworte dulde, dulde auch nicht den Verkauf eines einzigen klitzekleinen Bildes, so lange er lebe, und so seien er, der junge Conde, und Jaume, der Diener, angewiesen, ab und zu ein illegales Geschäft gegen das Vaterwort zu tätigen, um essen zu können – und den Vater, so widersinnig das unter dem Aspekt der Armut auch sei, am Leben zu erhalten.

Wundert der Vater sich denn nicht, woher das Geld für den Unterhalt kommt? Nein, sagte sein Sohn, er lebe ja immer noch in feudaler Welt da oben im Bett, dieser Welt sei ein Gedanke an Geldmangel doppelt fremd – zum einen würde der Gedanke als unmöglich nicht gedacht, zum anderen als unfein verdrängt. Ob ich denn, bitte, Geld bei mir habe?

Ein verbaler Überfall, höfliche Wegelagerei. Da begriff ich endlich: Der Herr und sein Diener wollten mir Bilder verkaufen. Aus dem Depot, nicht von der Wand. Keinen Velazquez, keinen Goya, aber was Hübsches aus der dritten Maler-Liga. Spätes 19. oder frühes 20. Jahrhundert Was in jedem Fall mehr wert war, als das, was ich bezahlen konnte, aber billiger als die Klassiker. Auch das begriff ich.

Hier, sagte der Herr und blätterte einen Bilderstapel auf, der an der Wand lehnte. Es waren erstklassige Landschaften von Mallorca, voller Licht und in dezenten Farben. Meisterhaft gemalt von einem Mann, dessen Signatur nicht zu entziffern war, und dessen Bilder kein Pendant in einem Museum haben. Jedenfalls habe ich bisher keines entdeckt. Aber die Tatsache, dass die

Gemälde von Vorfahren des jungen Conde gesammelt worden waren – war das nicht Provenienz genug? Mir jedenfalls genügte sie, und als er mehrere Bilder dieses Malers angehoben, gezeigt und zur Seite gestellt hatte, worauf der alte Jaume mit einem Ärmel seiner Livree über die obere Rahmenleiste fuhr, als wolle er sie noch schnell reinigen, damit der Kunde sich nicht staubig mache, da teilte ich ihm mit, dass ich nur das Äquivalent von 500 Euro bei mir hatte.

Er zuckte. Sicher war ein einziges Bild mehr wert als das, und er hatte die Unvorsichtigkeit begangen, ein halbes Dutzend anzubieten. Aber nur wenige, die man auf dem Flohmarkt anspricht, tragen so viel Geld bei sich. Auch das muss bedacht sein bei so einem Handel, zumal wenn man einen Fremden anspricht. Barschaftlich war ich ein Glücks- und Unglücksfall zugleich.

Nein, wir haben nicht gehandelt. Wir waren beide zu vornehm dazu. Er nahm das Geld und ich die Bilder, dann ächzte Jaume wieder zum Vater empor, um ihn zu beschäftigen und den Lärm des Abtransportes und der Abfahrt zu übertönen, der Herr und ich teilten die Bilder in zwei Hälften, nahmen jeder eine und beluden den CV2 wie Diebe, die sie aus einem Palast entwendet hatten, und so war das ja irgendwie auch. Ich fuhr den jungen Conde noch zurück nach Palma, weil er sich ein frisches Hemd, ein Päckchen Zigaretten, einen Cortado und einen Palo leisten wollte mit dem Geld, das über ihn gekommen war, und dann verabschiedeten wir uns – leider – in alle Ewigkeit.

Ich habe ihn und seinen Palast nie wieder gesehen. Obwohl ich gesucht habe. Und würden die Bilder nicht in meinem Haus hängen, könnte ich vermuten, einer Geistergeschichte aufgesessen zu sein. Oder als habe mir einer mit einem Palo aus Holz eins übergehauen auf dem Flohmarkt, ich sei bewusstlos geworden, habe herrlich geträumt und nach dem Erwachen festgestellt, dass meine 500 Euro weg sind.

Jetzt kommt die dritte Dummerhaftigkeit von mir: Als ich neulich in der „Gran Enciclopedia“ von Mallorca, dem Lexikon meines Herzens, blätterte, blieb ich an einem Adelsnamen hängen. Weil da stand, diese edle, heute verarmte Dynastie besitze eine der größten Gemäldesammlungen Spaniens, nur habe sie seit Jahrzehnten keiner gesehen, man wisse nicht mal, ob sie noch existiere. Wieder habe ich mir den Namen nicht gemerkt. Und alles Nachblättern war fruchtlos bisher. Aber ich kann wenigstens eine Antwort geben auf die Fragen im Lexikon: Ja, ich habe die Sammlung gesehen und nein, sie existiert nicht mehr in vollem Umfang ...

P. S.: Den Namen des Malers weiß ich inzwischen, seine Bilder hängen auch in Museen und man sagt, er sei der „Cezanne von Mallorca“. Sein Marktpreis wird auf 5000 bis 6000 Euro pro Bild geschätzt. Das macht mich glücklich.

LITERATUR

Antonia Sabater i Vallespir hat 2012 das Buch „Els senyors de Palma“ veröffentlicht, es enthält Interviews mit rund 40 mallorkinischen Adeligen über ihr Leben und ihre Eigenart. Leider existiert es nur auf Mallorquin, und das ist mühsam zu lesen (aber mir fällt es komischerweise leichter als Spanisch).

ELS CALDERERS

Das ist ein prachtvoller Landsitz, den eine mallorkinische Adelsfamilie, die De Sentmenat, Nachfahren der Grafen Veri, seit 1993 der Gemeinde Sant Joan als Museum zur Verfügung stellt – zumindest teilweise, denn irgendwo versteckt im Gemäuer wohnt immer noch die Prinzipalin der Familie, die Gräfin Roig, samt Gesinde. Man kann also doch ganz offiziell einen Palast besichtigen und sollte es unbedingt tun, denn Els Calderers wurde im Originalzustand belassen – und zwar jenes Tages, als der Vater der Gräfin starb.

Es ist alles noch da: Von seiner Hose, die noch über dem Stuhl am Bett hängt, bis zur gedeckten Frühstückstafel, an die er sich am Morgen setzen wollte, von der Grammophon-Musik bis zu den Erinnerungsstücken, die er in Vitrinen gesammelt hat. Wer Einrichtungstipps für seine Finca braucht, nur mal sehen will, wie Wohlhabende früher wohnten, oder sein Auge schulen möchte für den Kauf von Antiquitäten, wird hier auf nobelste Weise bedient. Els Calderers besitzt außerdem einen Zoo mit Tieren, die nur auf Mallorca vorkommen (vom Pferd bis zur Ziege), einen Weinkeller mit Gratisausschank (leider in Plastikbechern), einen Bauernladen und eine Küche mit immer frischen Sobrassada-Happen (gratis).

Wegweiser: Ctra. Palma-Manacor, km 37.

WAS WAR DA EIGENTLICH LOS?

Das Buch „Ein Winter auf Mallorca“ (in verschiedensten Schreibweisen) der französischen Schriftstellerin ist das bekannteste und meistgedruckte Buch über die Insel. Danach wurde Mallorca in aller Welt bekannt – obwohl George Sand bitterböse Kommentare über die Mallorkiner und die Zustände damals eingeflochten hat. Ihr Lebensgefährte, der polnische Komponist, hat die Insel seltsamerweise ganz anders empfunden ...

„Und brauchen Sie immer Cremen mit hohes Sonnenschutz“

Zitat aus einem PR-Video der Regierung von Mallorca für deutschsprachige Touristen

(Trotzdem – der Sinn ist klar!)

George Sand (1804–1876) schrieb das berühmteste Buch über Mallorca, das allerdings anfangs „Ein Winter im Süden Europas“ hieß (abgedruckt in der Zeitschrift „Revue des Deux Mondes“). Nach ihrem Aufenthalt vom 8. November 1838 (Ankunft um 11.30

Uhr auf dem Dampfer „El Mallorquin“ in Palma) bis zum 13. Februar 1839 (Abfahrt um 15 Uhr, wieder auf der „El Mallorquin“ nach Barcelona). Sie war nicht alleine, sondern hatte den lungenkranken Frédéric Chopin, Sohn Maurice, 15, Tochter Solange, 10, und das Kindermädchen Amelie mitgebracht. Sie blieben 97 Tage, davon sechs in einer Familienpension in der c/. de la Marina, knappe vier Wochen im Haus So'n Vent in Establiments, einige Tage beim französischen Konsul im nicht mehr existierenden Haus Illeta d'En Moragues in Palma und den Rest der Zeit in einer Zelle der Kartause von Valldemossa. Dort waren sie am 15. Dezember eingezogen.

Erschienen ist das Buch 1841 in Paris*, das einzige authentische Manuskript („Un hiver a Majorque“) befindet sich heute in der Kartause von Valldemossa. Seit 1842 gibt es rund 1000 Ausgaben in mindestens 30 Sprachen, die meisten enthalten wiederkehrende Interpretations- und Übersetzungsfehler, was vor allem am kaum lesbaren, weil ständig korrigierten, handschriftlichen Originaltext lag. Erst in neuen Ausgaben wurden Fehler beseitigt – und es gibt eine Edition, die ich für die korrekteste und die am besten bebilderte halte: 1974 von der Antigua Imprenta Soler in Palma publiziert, benutzt sie die Übersetzung eines Dr. K. Elsner von 1846 und enthält eine Fülle nie gesehener Fotos und Illustrationen. An die Orthografie des 19. Jahrhunderts muss man sich allerdings gewöhnen. Man findet die Ausgabe im Internet für ein paar Euro.

---

* Nur der Band 1 der Erstausgabe von 1842, das sind 320 Seiten mit zwei Wappen-Stichen in roter Seide mit Golddruck, kostet im Antiquariat rund 1000 Euro.

Wobei eines zu bemerken ist: Das komplette Original, so wie es in der Kartause zu sehen ist, wurde nie gedruckt. In allen 1000 Ausgaben fehlen einige hoch interessante Fragmente, die alle Herausgeber gestrichen haben – meist aus nicht nachvollziehbaren Gründen.

„Ein Winter auf Mallorca" entstand fast vier Jahre nach ihrem Aufenthalt, und zwar erst dadurch, dass George Sand schmerzlich und ehr zufällig an die Insel erinnert wurde, die sie eigentlich vergessen wollte – durch die in Valldemossa entstandenen Zeichnungen ihres Sohnes Maurice und ein Buch ihres Landsmannes Joseph Bonaventure Laurens (1901–1890). Er war Künstler, Schriftsteller, Professor und Sekretär des medizinischen Instituts in Montpellier und muss als wahrer „Entdecker" der Insel gelten, weil er „Ein Winter auf Mallorca" initiiert hat, wenn auch unfreiwillig.

Das kam so: Im September und Oktober 1839 besuchte Laurens Mallorca, um zu malen und zu zeichnen, wohnte wohl in derselben Zelle der Valldemossa-Klause wie Sand und Chopin und veröffentlichte 1840 das Buch „Erinnerungen einer Kunstreise nach Mallorca" mit 55 zweifarbigen Lithografien. Es ist der erste authentische Bericht eines künstlerisch tätigen Touristen. Dieses Buch fiel George Sand in die Hände, die nicht daran dachte, ihren unglücklichen Aufenthalt literarisch zu verarbeiten, aber durch Laurens Bilder wurden, wie sie schreibt, „meine Erinnerungen derart stark geweckt, dass ich mich doch entschloss, ‚Ein Winter auf Mallorca' zu schreiben". Auf Mallorca selbst schrieb sie trotz aller Widrigkeiten ihren bekanntesten Roman „Spiridion".

Natürlich ist die Originalausgabe der „Kunstreise" kaum noch zu bekommen, und wenn, dann sehr teuer. Aber 1971 veröffentlichte der Verleger Luis Ripoll in Palma ein 11-Seiten-Heft auf

Spanisch, in dem sieben der 55 Lithografien abgebildet sind. Es wird ab und zu in Antiquariaten und auf Flohmärkten (ich fand es in Consell für 5 Euro) angeboten. Viele Stiche, die gerahmt zu horrenden Preisen verkauft werden, stammen aus dieser Broschüre.

Kurios: Weil Laurens auch das Fort Soller zeichnete, ließ ihn der Gouverneur der militärischen Anlage verhaften und für einige Tage ins Gefängnis stecken ...

Zurück zu George Sand: Dass die Antipathie gegenseitig war, zeigen zwei weitgehend unbekannte Details: Die Mallorkiner nannten die Reisegruppe „Die Verpesteten“ und verbrannten sogar einige ihrer Möbel nach der Abreise. Die wütendste Replik auf die Angriffe der Französin veröffentlichte Jose Maria Quadrado unter dem Titel „Rache“ in der Zeitung „La Palma“.

Tatsächlich vergaß die kultivierte Baronin aus Paris, die gern Zigarren rauchte und Hosen trug, dass sie sich auf einer erzkatholischen, sehr bäuerlich geprägten und um 1838 ziemlich ursprünglichen Insel befand. Mit ganz eigenen Sitten, einer Animosität gegen Ausländer, an die man nicht gewöhnt war, und auf Touristen war man nun überhaupt nicht eingestellt. Außerdem litt die Bevölkerung chronische Not und das besonders in der harten Jahreszeit des mallorkinischen Winters mit seiner Kälte, seinen Stürmen und seinem Regen. Alle ihre Urteile sind korrekt – aber sie relativiert sie nicht. Vor allem wenn sie auf das Essen, die Manieren, die „Stupidität“, die Unzugänglichkeit, die Boshaftigkeit und die Unsauberkeit schimpft. Was hatte sie erwartet?

Die Landschaft dagegen hat ihr großen Eindruck gemacht. Zitat: „Es ist das grüne Helvetien unter Calabriens Himmel mit der Feierlichkeit und der Ruhe des Orients.“

Frédéric Chopin (1809–1849) komponierte, so krank wie er war, in Valldemossa die 2. Ballade op. 38, Scherzo op. 39, die Polonaisen op. 40, die 2. Mazurka op. 41 und angeblich auch die Prelude „Die Wassertropfen“ – was aber wohl eine wetterbedingte, scherzhafte Zuschreibung ist. Luis Ripoll erweitert die Liste allerdings auf eine Mazurka, zwei Polonaisen, eine Ballade, das 3. Scherzo und einige der 24 Preluden. Außerdem habe er die Sonate in B-Dur und zwei Nocturnen (Opus 37) auf Mallorca konzipiert – und wer die „Barceuse“ (Opus 57) höre, der könne ein altes Wiegenlied der Insel heraushören. Alle Werke, die Chopin auf Mallorca komponiert hatte, soll er im April 1841 bei einem Konzert in der Salle Pleyel in Paris gespielt haben.

Aber was hat nun Frédéric Chopin grundsätzlich über den Aufenthalt in Valldemossa geschrieben? War er genauso kritisch wie George Sand? Antwort: Obwohl der Pole an der Witterung und den unfreundlichen Lebensumständen litt (zudem vermisste er sein Klavier, das erst nach der Abreise in Palma eintraf), schilderte er die Insel und die Insulaner fairer und begeisterter als seine Lebensgefährtin. Chopin tat dies in Briefen auf Polnisch und Französisch an seinen Freund, den Grafen Woychek Grzymala (1793–1870), 14 Kopien der Schreiben wurden vor einiger Zeit bei Christie's in London versteigert und es gibt fünf Bücher, in denen die Korrespondenz auf Französisch, Englisch, Polnisch und Spanisch zu finden ist.

Der Band „Cartas desde Mallorca“ von Jose Maria Almagro-Marti (erschien 1952 in Palma) beschäftigt sich im Übrigen am besten mit Chopins Version und in ihrem Buch „Jener Winter Chopins auf Mallorca“ analysiert die mallorkinischen Musikhistorikerin Aranzazu Miro (erschienen 2010) die Musik, die er auf der Insel schrieb – und was nach dem unseligen Urlaub geschah.

Maurice Dudevant, der Sohn von George Sand, war 1838 knapp 15 – und ein begabter Zeichner. Viele Bilder, die auf Mallorca entstanden, zeigen ihn mit Schwester Solange, er hat Trachten, Landschaft, Häuser, Zimmer und Feste mit Bleistift und Wasserfarben in seinem Skizzenbuch festgehalten, insgesamt hat man 114 gefunden. Auch seine Mutter hat häufig und gut gemalt, auch von ihr gibt es mallorkinische Motive, viele sind jedoch verschollen.

Einige Bilder von Maurice sieht man im 2003 erschienenen, sehr schönen Buch von Eva Gesine Baur und Rainer Fichel: „Essen und Trinken mit George Sand auf Mallorca".

Maurice hat seiner Tochter Aurore Sand viel von Mallorca erzählt und sie beschrieb diese Erinnerungen in einem Fragment. Außerdem verwahrte sie bis zu ihrem Tod (1961) mehrere Gegenstände aus Valldemossa in ihrem Haus in Südfrankreich: zwei Bauernpuppen, den Malblock mit den 114 Skizzen von Maurice, einen Großteil des Originalmanuskripts und eine Louis XVI.-Kommode, die Chopin seiner Geliebten in Wien geschenkt hatte. All diese Dinge sind heute wieder in der Kartause – in Zelle 2! Der mallorkinische Schriftsteller Bartolome Ferra hat Aurore Sands Fragment in seinem Büchlein „Chopin y George Sand en Mallorca" als eine Art Vorwort verwendet.

Es gibt wohl keinen Ort auf Mallorca, die Kathedrale eingeschlossen, den mehr Touristen besuchen als die Zellen des Paares in der Kartause. Aber Jahrzehntelang wurden sie irregeführt. Man zeigte ihnen, was historisch nicht belegt ist.

1. Das Klavier, das in Zelle 2 steht, ist kaum das Instrument, das Chopin spielte, auch wenn Pleyel in Paris der Hersteller ist. Dafür gibt es zwei Gründe: Das richtige Klavier traf erst in den letzten Tagen des Aufenthalts ein, steht aber nicht in der Zelle.

Jenes, das dort zu sehen ist, wurde erst nach der Abreise gebaut! Gordon West hat in seinem köstlichen Buch „Jogging round Majorca“ (deutsch bei Reise Know-How) beschrieben, wie und wo er das echte Klavier entdeckte: In einer Wohnung in Valldemossa, die den Nachfahren der Bankiersgattin Canut gehört, die Sand und Chopin in der Kartause unterbrachte. Sie kaufte es dem Komponisten, als es in Palma beim Zoll stand und Chopin die Insel verließ, angeblich zu einem Spottpreis ab. Sie soll die einzige gewesen sein, die es haben wollte, alle anderen fürchteten, sich durch das Berühren der Tasten mit der Tuberkulose zu infizieren, an der Chopin litt ...

2. Es steht erst seit 2011 fest, welche der Zellen, 2 oder 4, das Paar mit den Kindern bewohnte, durch die so lange Touristenmassen geführt wurden. Die Räume gehören zwei verfeindeten mallorkinischen Familien, die darüber seit über 150 Jahren heftig streiten bzw. der anderen die Authentizität absprechen. Für die Celda 4 der Familie Capllonch sprach, dass der Bankier Canut penibel notierte, welches Mobiliar er nach der Abreise zu welchem Preis verkauft hatte – und nennt nur diese Zelle! Am 19. November 1935 entschied jedoch die „Comision Provincial de Monumentos“: „Es gibt kein Dokument, das die Überlieferung zu entkräften erlaubt, nach der es die dritte und die zweite Zelle sind.“

Das ist falsch: Anhand der Zeichnungen des Sand-Sohnes Maurice entschied ein Gericht, dass der Wohnraum nur die Celda 4 der Familie Capllonch gewesen sein könne, das sind die Nachfahren des Bankiers Canut. Die Familie Quetglas, Besitzer der Celda 2, akzeptieren das – stillschweigend – nicht. Sie behauptet weiterhin, die „wahre“ Zelle zu besitzen und zeigen unermüdlich das „falsche“ Klavier darin.

Dieser Streit wird deshalb so hartnäckig ausgetragen, weil täglich etwa 800 Besucher je 6 Euro zahlen und die eine Familie natürlich noch mehr verdienen würde, wenn die andere ihre Zelle zusperren müsste. Aber bei der sprichwörtlichen Habgier der Mallorkiner geht eher ein Kamel durch ein Nadelöhr und den meisten Besuchern ist es auch völlig egal, ob sie Zelle 2 oder Zelle 4 angeboten bekommen ...

Die 18 wichtigsten Bücher

Der Mallorkiner liest nicht gern, die Statistik ist erschütternd, und das auf einer Insel mit so vielen Verlagen wie, statistisch gesehen, nirgendwo auf der Welt: 36,4 Prozent gaben 2010 zu, nie in ein Buch zu schauen. Würde man sich eine kleine Mallorca-Bibliothek zulegen, jenseits der Reiseführer, könnte sie diese Bücher neueren Datums enthalten, auch wenn einige nur bei eBay oder Amazon beschaffbar sind – oder nur auf Englisch oder Spanisch:

1 Reinhard Andress: **Der Inselgarten**
(eine Sammlung bitterer Geschichten deutscher Nazi-Emigranten)

2 Heinrich Breloer/Frank Schauhoff: **Mallorca, ein Jahr**
(*ein Mann zieht auf die Insel und lernt, wie sie funktioniert)*

3 Marella Caracciolo/Francesco Venturi: **Landsitze & Stadtpalais auf Mallorca**
(*seltener Blick in die Welt der Reichen und Stilvollen)*

4 Jaume Escalas Real: **Führer von Mallorca** (*der Guide Nr. 1*)

5 Thomas Fitzner: **Mallorca vorläufig für immer**
(*gut zuhören, wenn der beste Autor der Insel spricht …)*

6 Guy de Forestier: **Geliebte Mallorkiner**
(*heiteres Porträt eines seltsamen Völkchens)*

7 Carlos Garrido i Torres: **Magisches Mallorca**
(*für alle, die an Überirdisches glauben wollen)*

8 Robert Graves: **Winter in Mallorca – Betrachtungen über Mallorca – Geschichten aus dem anderen Mallorca**
(der große Autor betrachtet seinen Wohnort mit Augenzwinkern)

9 Michael Imhof: **Trauminsel Mallorca**
(*ein erstaunlicher Band – intelligent, wichtig, unerschöpflich)*

10 Heide Wetzel-Zollmann: **6000 Jahre Mallorca** (*ein Muss!)*

11 Hansjörg Martin: **Zwölf Monate Mallorca**
(*ähnlich wie die Nr. 2, besser geschrieben, aber humorloser)*

12 Josep Moll Marques: **So sind wir Mallorquiner**
(*ähnlich wie die Nr. 6, aber umfangreicher und fundierter)*

13 Donald G. Murray: **Museumsführer Mallorca** (*überholt, aber wichtig!*)

14 E. A. Rauter: **Mallorca. Das Land hinter der Bühne**
(*wunderbares Buch eines großen Schreibers*)

15 Pascale Rey: **Der Kartograf von Palma**
(*Historienroman, aber dicht, spannend und informativ*)

16 Carmen Riera: **Ins fernste Blau** (*beste Mallorca-Prosa)*

17 Helga Schwendinger: **Erzherzog Ludwig Salvator**
(*das professionelle Porträt des besten Erforschers der Insel)*

18 Axel Thorer: **Lexikon der Inselgeheimnisse** (*Infos von A-Z*)

DIE BÜHNE VON PALMA

Es liegt versteckt in einer Straßenkurve, dort, wo die Rambla aus der General Weyler entspringt. Eine Art Cuvilliers-Theater in falschem Rokoko, aber echt seit 1860. Hier wird alles gegeben, was auf einer Bühne stattfinden kann – von der Serenade bis zum Slapstick. Nur die Esel leben nicht mehr im Keller, die den Vorhang bedienten …

„No te preocupis!"

„Mach Dir keine Sorgen!"

(…denn alles wird erledigt! Ein wunderbarer Begriff, wenn man ihn von einem hilfreichen Mallorkiner hört.)

Einen Namen müssen Sie sich merken, auch wenn Sie ihn nur teilweise aussprechen können: Xesc Forteza. Das ist ein kleiner alter, vor einigen Jahren gestorbener Mann mit ellenlanger Nase und grauem Schnauzbärtchen, der auf der Bühne rumtobte wie eine Kreuzung aus Peter Steiner und Dario Fo, Heinz Erhardt und Peter Ustinov. Er redet nur Mallorquin, daher sein verkürzter Vorname Francisco, ausgesprochen „Schesk". Touristen verstanden natürlich kein Wort, wenn er auftrat, aber sie lachten Tränen, wenn er in den Orchestergraben fiel und heulte, weil er an der Ungerechtigkeit dieser Welt zerbrach.

Xesc war der beliebteste Mann Mallorcas und ein Star des Teatre Principal, das sie inzwischen nach ihm benannt haben. Und diese Bühne ist ein Kleinod von Palma: Von außen unscheinbar wie ein Gassenkino in Palmensischem Neoklassizismus, aber innen eine Plüsch- und Blattgoldorgie mit einem rotsamtenen Parkett und vier Rängen. Für mich der größtmögliche Kontrast zum Ballermann und das Principal gehört zu jener Gruppe versteckter Kulturtempel, die als teurer Anachronismus überleben: kompromisslos technikfeindlich, genauso beschäftigt mit Restaurieren wie mit Aufführen, hartnäckig vornehm und stolz auf ein puristisches Credo: Was Enrico Caruso genügte, sollte auch für Montserrat Caballé gut sein, und wenn nicht, soll sie woanders singen. Wir haben nun mal keine Klimaanlage (Zerstörer der Bronchien) und so modernen Schnickschnack wie Lifte auch nicht.

Die Oper in Manaus ist auch so ein Theater, ebenso wie die Goethe-Bühne in Bad Lauchstädt, das Marktgräfliche Theater in Bayreuth, das Fenice in Venedig oder die verrückte kleine Oper in Amargosa (Nevada). Das Teatre Principal ist dennoch anders. Weil das Programm so bunt ist wie Fernsehen. An einem Tag wird „La Traviata" gegeben, zwei Wochen später turnt Xesc herum. Im Monat darauf gibt's Bauerntheater, fetzige Zarzuelas, wenig später vielleicht sogar eine Zaubershow mit Hasen aus Hüten. Seitdem ich das Theater kenne, verwischen die Direktoren bewusst den Unterschied zwischen U und E. Wenn Leute sich festlich kleiden und dafür zahlen, um im Dunkeln einen Abend lang Freude zu haben, gilt das hier als Kultur. Die Ur-Form der Kultur. Richtig so.

Und so sieht man Palmas Bürgertum in Smoking und Abendkleid neben Bäuerlein als dem Pla im zwirnigen Sonntagsstaat.

Passanten in Jeans und Touristen in Armani. Im Principal herrscht Kulturdemokratie. Mit verschmitztem Lächeln zeigte mir ein Direktor mal einige alte Programme: Arthur Rubinstein „was here", Yehudi Menuhin, Julio Iglesias, der große deutsche Bariton Heinrich Schlusnus (1888–1952) und der Bass Juan Pons aus Menorca, der hier seine Weltkarriere begann. Einige traten sogar zusammen in einer Saison auf. „Für mich", sagte der Direktor, „zählt nur Qualität. Egal, auf welchem Gebiet. Die Künstler müssen allerdings in unser Ambiente passen." Bei einer Girls-Truppe würde seine Weltoffenheit an Grenzen stoßen.

Und wieder gibt es einen Unterschied zu anderen Theatern: Das Principal ist die vornehmste Karaoke-Bühne der Welt, vergleichbar, wenn überhaupt, nur mit der Mailänder Scala. Denn hier in Palma singt man mit, wenn man kann und Lust hat. Laut und notwendigerweise auch falsch. Ich habe erlebt, dass rund 800 der (maximal) 1073 Besucher den Gefangenenchor aus „Nabucco" mitschmetterten und die offiziellen Sänger begeistert waren – man beklatschte sich gegenseitig. „Wir halten das für gut", sagte der Direktor, und die Caballé lächelte, als ich sie fragte. Dann sagte sie: „Erst hat es mich umgehauen, aber dann begriff ich – hier lebt Kultur, hier gehen die Menschen noch mit. Ich find's wunderbar."

Das Teatre ist nicht sehr alt, nicht mehr. Der Originalbau stammte von 1662, hieß „Casa de la Comedies" (übersetzt: Komödienstadel) und war Teil eines Klosterhospitals. Künstler, Mönche und Lahme lebten, sozusagen, in Symbiose und besuchten sich reihum: aus Liebe zum Amüsement, aus medizinischer Notwendigkeit und wegen des geistlichen Zuspruchs. 1845 wurden Kloster, Hospital und Theater abgerissen, und weil man schon fünf Jahre später nicht mehr wusste, warum man das getan hatte, wurde wenigstens das Theater 1860 wider aufgebaut. Zur Premiere gab es „Wilhelm Tell“ von Giacomo Rossini. Auf mallorkinischem Italienisch und deshalb „Guillem Tell“ genannt ...

„Wir haben natürlich keine Esel mehr im Keller“, sagte der Direktor fast entschuldigend. So als hätte ich sie erwartet und sei enttäuscht gewesen. Ich begriff nur sehr langsam: Ein Esel zog jahrzehntelang die Vorhänge hoch und die Bühnenbilder der einzelnen Szenen an ihren Platz. Heute geschieht das zwar immer noch mit Muskelkraft, aber nicht mehr durch ES, sondern MS. Was übrigens eine spezielle Kunstform ist, da die Seile auf antiken Holzrollen laufen und grausig quietschen, wenn man sie nicht fachgerecht bedient. Weshalb die den Esel ersetzenden Herren an den Winden uralt sind, wenn auch bullenstark – eine Art atmendes Inventar. Unersetzbar.

Für mich ist das Principal eine Zeitmaschine, die nur Rückwärtsgang besitzt: Kulissen werden immer noch in Öl auf Leinwände gemalt, wenn man nicht die benutzt, die schon 1888 auf dem Schnürboden schwebten. Sechs Näherinnen, auch nicht mehr taufrisch, fertigen die Kostüme, die zum Teil noch mit Perlen und Halbedelsteinen bestickt werden. Die eigene Druckerei produziert Tickets so aufwendig (und altmodisch), dass sie sofort Sammlerstücke sind. Es gibt Vergolder, Notenschreiber, Parkettverleger, Visagisten (die schon Beniamino Gigli präpariert haben), Perückenmacher, kauzige Souffleure und sogar einen Theaterschuster.

Der Fundus – mehrere 10 000 Stücke – ist komplett erhalten seit 137 Jahren und die größte Antiquitätensammlung Mallorcas außerhalb eines Museums.

Aber alles wird ständig neu verwendet und nach jeder Aufführung liebevoll restauriert. Was bedeuten konnte, dass Waltraud

Meier in einem Kostüm auftreten musste, das schon die Melba trug. Nur die Caballé kam immer mit eigener Garderobe, ihre Waage wusste, warum. Das Haus leistet sich auch ein eigenes Sinfonieorchester (mit vier Dirigenten und 40 Berufsmusikern), einen Chor mit 100 Mitgliedern und Palma subventioniert das jedes Jahr mit mehreren Millionen. Ein hehres, weil teures Unterfangen bei rund 400 000 Bürgern.

Einzigartig ist auch die Preisgestaltung: Große Oper kostet ab 6 Euro und ist am billigsten, Schauspiel doppelt so viel, alles Andere ab rund 9 Euro. So war's beim letzten Mal. Gespielt wird von September bis Mitte Juli, dann wird es draußen zu heiß.

Wenn Sie mal hingehen wollen, folgen Sie einfach den Schönheiten der Inselhauptstadt: von der Borne zum Gran Hotel, dann rüber auf die rechte Straßenseite zur Jugendstilbäckerei Forn del Teatre, ein Stück weiter die Plaça Weyler hoch und dann stehen sie schon davor im Knick zur Via Roma. Gehen Sie rein, Sie werden es nicht bereuen. Und wenn Sie Befürchtungen haben, Sie könnten kein Wort verstehen, wählen Sie als Einstieg einen Abend mit klassischer Musik.

Es gibt übrigens noch rund 60 (!) weitere Theater auf der erstaunlichen Insel, manche öffentlich, manche privat, aber keines lässt sich in Anspruch und Pracht mit dem Principal vergleichen. Einige wurden in Kinos umfunktioniert, sind kaum mehr als Aulas, gammeln vor sich hin, werden abgerissen und nur sehr selten restauriert. Aber: Immer wieder eröffnen phantasievolle, optimistische Impresarios neue Theater, wie das „Trui" in Sa Rapinya und alte, längst vergessene Theater werden aus der Versenkung hässlicher Zweckbauten geholt, liebevoll hergerichtet und dem originalen Zweck zugeführt. Das ist zum Beispiel der Fall mit dem bezaubernden „Mar i Terra" am Carrer

Magi in Palma. Es wurde 1898 erbaut, jahrzehntelang vergessen und die Renovierung kostete 2,8 Millionen Euro. Bewerkstelligt haben das Privatleute.

Das ist das, was der Schriftsteller Ernst Alexander Rauter meinte, als er seinem Mallorca-Buch den Titel gab: „Das Land hinter der Bühne.“ Wir sehen nur, was die Tourismusindustrie uns zeigt auf der Bühne der Buchungskataloge. Zu wenige von uns sehen, woraus das Mallorca der Mallorkiner besteht, was hinter der Fassade geschieht ...

DIE ERPRESSUNG

Dies ist eine hässliche Geschichte, aber auch so etwas passiert auf Mallorca, und zwar häufiger als man denkt: Jemand beschafft sich die bereits einmal verkaufte Immobilie erneut, um sie ein zweites Mal zu verkaufen – und ist im Recht! Und meist trifft es einen ahnungslosen Deutschen, bei dem ein schlauer Mallorkiner auftaucht. Ich erzähle die Geschichte, weil klar sein muss, dass es für Ausländer auch in diesem Paradies eine Vertreibung gibt …

„Sie sind verbothen aus den nahrungen des zu essenden saales herauszukommen. Danke“

Diesen Hinweis im Speisesaal des Hotels „Salpi“ an der Playa de Palma zitiert der Satiriker Axel Hacke in seinem Buch „Oberst Huhn bittet zu Tisch“.

(Das soll wohl heißen: „Bitte keine Lebensmittel aus dem Speisesaal mitnehmen. Danke.“)

Es war einmal ein bescheidener Deutscher namens P., der sparsam gelebt und sich mit seiner schönen Frau zum Lebensabend ein Häuschen mit Garten und Meerblick von der Dachterrasse zum Schnäppchenpreis von 145 000 Mark (heute etwa 75 000 Euro) bei Son Servera gekauft hatte. Das wurde von ihnen nett ausgebaut vom Geld, das noch übrig war, sie brachten gegen Diebe Jalousien aus Stahl an, mauerten einen Grillplatz und gestalteten den Garten zum Paradies mit einer Sprinkleranlage, die das Teuerste war von allen Investitionen.

Dort lebten sie viele Jahre lang glücklich und ahnten nichts Böses.

Da klopfte es eines Tages: Der Mann, der ihnen das Häuschen verkauft hatte, war an der Tür. Ein sehr jovialer Mallorkiner um die 50, der nur mehrmals aufgefallen war, weil er Dinge tat, die nicht genehmigt waren, und andere Dinge, die klar nach Betrug rochen, aber nie bewiesen werden konnten. P. bat ihn herein.

Ob er sein Haus verkaufen wolle, fragte der Mann namens Rafel.

„Nein“, sagte der Deutsche.

Er habe aber einen Interessenten, sagte Rafel.

„Trotzdem“, sagte der Deutsche. „Wo sollten wir denn hin? Die Preise sind ja so entsetzlich gestiegen.“

„Eben“, sagte Rafel und teilte ihm mit, dass er wohl leider verkaufen müsse, wolle er sein Häuschen nicht verlieren, ohne eine Peseta dafür zu bekommen. Und er, Rafel, sei in der Lage und bereit, ihm aus der Notlage zu helfen.

„Welche Notlage?“, fragte der Deutsche.

Es sei nämlich so, sagte Rafel, dem der Deutsche mittlerweile einen teuren Suau-Brandy angeboten hatte, während seine Frau Kaffee kochte. Das Häuschen sei ohne Genehmigung gebaut und das Grundstück, auf dem es stehe, sei im Grundbuch immer noch auf seinen – Rafels – Namen eingetragen. Das Land gehöre ihm – dem Deutschen – also gar nicht, und auf fremden Grundstücken gebaute Häuschen seien illegal und würden jetzt alle abgerissen. Besonders in dieser Gemeinde, deren sozialistischer Bürgermeister beschlossen habe, energisch gegen das Schwarzbauwesen durchzugreifen.

„Aber das kann man doch nachträglich legalisieren", rief der Deutsche. Und das mit dem Grundbuch könnten sie doch auch regeln, da liege sicher ein Missverständnis vor. Er kenne ihn – Rafel – ja als Ehrenmann.

Rafel kratzte sich am Kopf und meinte, das sei gar nicht so einfach, dauere lange und außerdem habe er ja einen Interessenten, der das Häuschen unbedingt erwerben wolle. Dem habe er das Grundstück bereits verkauft und der werde in Kürze als Besitzer ins Grundbuch eingetragen.

„Aber das geht doch nicht", schrie der Deutsche jetzt und seine schöne Frau kam aus der Küche angelaufen. Das habe er doch schriftlich, dass er vor fünf Jahren Haus und Land gekauft habe – von ihm, Rafel.

Das stimme so nicht, sagte der, da könne er ruhig nachschauen im Vertrag. Da stünde nur, dass P. ein Haus auf einem Morgen Land gekauft habe, aber nicht mit einem Morgen Land. Er möge das prüfen lassen von seinem Anwalt, er – Rafel – habe das schon getan, daher wisse er, dass die rechtliche Lage eindeutig sei und das Grundstück ihm gehörte und er es verkaufen durfte.

Da dämmerte es P., dass er in der Falle saß. Er schrie noch ein bisschen, und seine schöne Frau auch, aber Rafel blieb ganz ruhig, bekam allerdings keine Tasse mehr von dem in der Küche brodelnden Kaffee. Und einen Suau auch nicht. Rafel holte die

Kopie des Kaufvertrages, der sogar ins Deutsche übersetzt worden war, raus und bewies P., dass er – Rafel – Recht und P. keine Chance hatte. Da stand: ... auf dem Land, nicht mit dem Land.

Schließlich fragte das Ehepaar zerknirscht, was Rafel denn bereit sei, für ihr Häuschen zu zahlen. Immerhin sei es ja im Wert gestiegen und der Wert der Ein- und Umbauten betrage zusätzlich etwa 50 000 Mark (was heute rund 30 000 Euro sind).

„Das, was Sie mir gezahlt haben, und keinen Centimo mehr“, sagte Rafel. Denn die Preise für so eine kleine Klitsche seien keineswegs gestiegen, das Häuschen sei zudem billigst gebaut und verfüge über keinen Pool, die Ein- und Umbauten interessierten ihn nicht, die Aussicht sei mittlerweile von anderen Immobilien verstellt, nach so vielen Jahren sei das Häuschen ja auch ziemlich verwohnt, die Gegend sei nicht gerade ein Hit bei Käufern, und so betrachte er sich als äußerst fair, 75 000 Euro dafür zu bezahlen. Vor allem, da es sich ja herumgesprochen haben dürfte, dass Spanien tief in einer Finanzkrise stecke und der Immobilienmarkt auf Mallorca am Boden liege. Häuschen wie dieses würden im Moment etwa 1800 Stück angeboten, und bereits zu einem sehr viel billigeren Preis.

Er - Rafel – könne, sollten Schwierigkeiten auftreten, es sich aber auch überlegen und weniger zahlen.

„Aber Sie selbst haben das Haus doch gebaut und mir verkauft“, rief der Deutsche. „Nur aus besten Materialien, haben Sie gesagt. Und der Blick sei einmalig und unverbaubar, haben Sie gesagt. Und dass Sie viele andere Interessenten hätten, weil die Gegend so beliebt sei bei Ausländern, das haben Sie auch gesagt. Und den Ausdruck ‚verwohnt‘ verbitte ich mir, und wenn, dann habe ich den Wert des Häuschens doch gesteigert durch meine vielen Ein- und Umbauten!“

Rafel blieb eiskalt und sagte nur: „Ich bin Geschäftsmann, Herr P., und was ich Ihnen damals gesagt habe, stimmte damals. Und wenn wir noch länger verhandeln, weil Sie Ihre Lage nicht begreifen, sinkt der Preis, den ich Ihnen anbiete, mit jeder Minute um 1000 Euro."

Was soll ich Ihnen sagen? P. schaltete einen Anwalt ein, der riet ihm dringend zum Verkauf, P. nahm die 75 000 Euro, räumte sein Häuschen und kaufte sich ein noch kleineres Eigenheim in den Bergen bei Calvia. Für mehr reichten die 75 000 Euro nicht.

Ein Jahr später trafen P. und seine schöne Frau zufällig einen anderen Deutschen namens F. bei einem Empfang des deutschen Konsulats in Palma. Sie freundeten sich an und F. lud P. mit seiner schönen Frau in das Häuschen ein, das er vor ein paar Monaten bei Son Servera gekauft hatte.

Als F. die Adresse nannte, wussten sie, dass es ihr altes Haus war.

„Es ist ein Schmuckstück – und ein Schnäppchen", freute sich F. „So ein blöder Bauern-Mallorkiner, dem das Geld ausgegangen war, musste es mir ganz schnell für 250 000 Euro verkaufen."

P. rechnete: Er hatte für 75 000 Euro verkauft, F. hatte 250 000 Euro gezahlt – da hatte Rafel satte 175 000 Euro Gewinn gemacht!

„Haben Sie nur das Häuschen gekauft oder auch das Grundstück, auf dem es steht?", fragte P. seinen Landsmann F. scheinheilig.

„Natürlich beides", sagte F. Denn ein Haus ohne Grundstück würde doch keinen Sinn machen, das gäbe es doch auf der ganzen Welt nicht.

„Da schauen Sie lieber nochmal nach in Ihrem Kaufvertrag und achten Sie auf den kleinen Unterschied zwischen ‚auf dem

Land‘ und ‚mit dem Land‘“, riet P. und verabschiedete sich mit seiner schönen Frau.

Er hat F. seine Geschichte nie erzählt und ihn auch nie besucht. Beides brachte er nicht übers Herz.

BEIM GRAFEN VON SPANIEN

Defla bei Sineu ist der Besitz des Grafen Fernando de España i Morell. Ich schätzte es sehr, mit dem alten Herrn beim Wein zu sitzen und seinen skurrilen Weisheiten zu lauschen. Das war nur möglich, weil seine Dynastie nicht zu den noblen neun Adelsfamilien Mallorcas gehörte. Aber vornehm war auch er ...

„Durch unsere Abrechnungssystem, nur ein Ticker pro Tabelle vorgenommen“

Dieser Hinweis klebt im Cafe „C N'Usola“ auf der Placa Espanya in Felanitx unter den Glasplatten der Tische.

(Auf Nachfrage erklärte der Kellner, dass pro Tisch nur eine gemeinsame Rechnung ausgestellt werde.)

„Ach, dieses Mallorca“, pflegte der alte Conde immer zu seufzen. Ein Mann, der im Briefkopf eine blaue Krone und das simple Wort España führte. Dafür unterschrieb er seine Briefe selten: Nach den herzlichen Grüßen klaffte eine Lücke.

Der Conde schaukelte meist auf einem antiken Kufenstuhl in seinem Salon. Ab uns zu warf er einen knorrigen Olivenast in den lodernden Kamin. Draußen schien strahlend die Sonne und das Thermometer zeigte 30 Grad im Schatten. Drinnen jedoch, hinter 1000 Jahre alten, bis zu 80 Zentimeter dicken Mauern herrschte das Frösteln der Jahrhunderte. Das meinte der Conde mit „Ach, dieses Mallorca".

Es ist eine hügelige Gegend rund um Sineu. Der gebirgige Rand Mallorcas verebbt hier in einen fruchtbaren Teller. Kaum ein Hotel steht in diesem Teil der Insel. Dafür sitzen in Sineu die alten Leute am Abend noch an den Straßen und warten, dass passiert, was nie passiert. Auf dem Marktplatz steht das Denkmal des ersten spanischen Meisters im Radrennfahren, der von der Insel kam. Hier liegt Defla: Ein Palast hinter zwei konzentrischen Mauerringen mit eingelassenen Portalen. Ums Jahr 960, so sagen die Geschichte und der alte Graf, haben die Mauren Defla gegründet. Seitdem steht der wuchtige Turm mit seinen in alle Ewigkeit drohenden Zinnen, in dem der Hausherr Tauben züchtet. „Alle Landadeligen züchten Tauben", behauptete der Conde.

Cleander teilt sich den riesigen, mit seniler Sorgfalt ungepflegten Garten mit hellblauer und blutroter Bougainvillea, die in Kaskaden über die erdfarbenen Mauern poltert, und ab und zu legt der Wind darunter verwitterte Wappen mit alten Daten frei, die in die Steine gemeißelt wurden. 1634 zum Beispiel, oder 14xx, oder xx00 – die x-Zahlen fraß der Verfall.

Defla ist eine mallorkinische Variante des verwunschenen Dornröschenschlosses. Der äußere Mauerring enthält die Oliven- und Mandelbäume, der innere 500 Schafe. Der Bäume und Tiere wegen sagte der Graf, er sei „Landwirt und Schäfer".

Als ich zum ersten Mal auf Defla war, sollte eigentlich Frühling sein. Für den Grafen und seinen ältesten Sohn war jedoch gerade die „Dritte Jahreszeit“ angebrochen, eine vierte haben sie nicht: Den Sommer verbrachten sie mit Frau/Mutter und Tochter/Schwester auf Mallorca, den Winter im Palais in Madrid, zwischendurch sahen die Männer auf Defla allein nach dem Rechten. Sie benutzten dabei nicht die Herrschaftsräume rund um den Turm, sie lebten lieber in der Küche und einem Gemach daneben. Das Haus „aufzumachen“, so nannten sie es, wäre zu viel Mühe.

Ich fragte den Grafen, wie lange seine Familie schon auf Defla residiert, und da antwortete er mit jener Nonchalance, die in Spanien möglich ist: „Seit der Reconquista.“ Also seit 1229, seit dem Sieg der Christen über die Araber. Da weiß man, was Geschichte ist. Aber stimmt's?

Von den Mauren ist auf Defla der einzige historisch wild gewachsene Bambushain der Insel erhalten, der wuchtige Wehrturm und der Rest einer kleinen Moschee mit einem schönen 1001-Nacht-Portal. España, ansonsten Purist, hat sie zum Badehaus seines 15 Meter langen und fünf Meter breiten Swimmingpools entweiht – eine der seltenen Konzessionen an die Neuzeit auf diesem Besitz. „In diesem Haus“, sagte der Graf, den ich Don Fernando nennen darf, „ist seit 700 Jahren nichts verloren gegangen.“ Und als der angeblich über 1000 Jahre alte Olivenbaum im Hof eines Nachts vom Wintersturm entwurzelt wurde, da ließ ihn der Graf ins Haus schleppen und als Sims über dem Kamin einmauern. „Schließlich war er älter als meine Familie und der letzte Zeuge“, begründete er diesen Respekt.

Zeuge wofür? „Für Leben und Sterben.“

Man kann stundenlang außen und innen um die Mauern wandern und hat sich dabei an griechischen und römischen Büsten zu orientieren: „Bei Sokrates links, dann gleich rechts bei Plato, auf den Marc Aurel zu.“ Weiße Tauben fliegen auf zwischen Palmen, Steineichen, Platanen, Orangenbäumen und Feigen. Rund ums Haus ist der Wald dicht und dunkel wie Dschungel. Am Abend geht Licht an in vielarmigen alten Straßenlaternen und der Jüngste der betagten Diener des Grafen schließt die verwitterten Fensterläden.

Wir reden meist über Adel und Politik. España mochte natürlich „die Roten“ nicht, schon weil sie in der kurzen Zeit, in der der Spanische Bürgerkrieg (1936–1939) auch Mallorca erreichte, seinen steinernen Vorfahren draußen am äußeren Mauerring die Nasen abschlugen. Wie konnte so ein Besitz 34 Generationen unbeschadet überdauern? „Wenn die Reichen kein Geld mehr haben, haben die Armen keine Arbeit“, antwortete der alte Herr. Da mache sich einer einen Reim drauf, aber das ist seine Philosophie.

300 Grandentitel gibt es in Spanien. Einige Adelige besitzen bis zu zehn (wie die Herzogin von Alba), Don Fernando hatte nur einen, aber der genügte ihm. Traf er König Juan Carlos, auch ein Sommerbewohner Mallorcas, verkehrten sie unter ihresgleichen: „Ich sage Señor zu ihm und er Fernando zu mir.“

„Wissen Sie“, mischte sich da die Tochter, eine Kunsthistorikerin, ein, „mein Vater ist in solchen Sachen nicht sehr strikt, auch Sie sagen ja Fernando zu ihm.“

Das gefiel der Gräfin, ihrer Mutter, nicht: „Na ja, vielleicht doch mit einem kleinen Don davor, oder?“

Wir wanderten über die groben, ziegelroten Fliesen im Inneren des Hauses, das als das älteste, durchgehend bewohnte auf Mallorca gilt. Betrachteten die Sammlung antiker Spazierstöcke, Landkarten, Gemälde und eine Küche voller Kupfertöpfe – es sind Hunderte. Die Familie besitzt den einzigen Hieronymus Bosch in Privathand und ein goldenes Gewehr, das hoch oben unerreichbar an einer Wand hängt. „Ein Geschenk des spanischen Königs an einen Vorfahren nach siegreicher Schlacht“, erklärte er. In Gebäuden, die den Hinterhof säumen, sind Dutzende alter Kutschen und Oldtimer geparkt, die gesammelte Mobilität der Españas der letzten 300 Jahre.

Auch nach Tagen fand ich mich nicht zurecht im Gewirr mäandernder Gänge, sehr niedriger oder sehr hoher Zimmer, auf Treppen so schmal wie Wandschränke und mit steilen Stufen wie Leitersprossen. Acht Zentimeter dick sind die Holztüren und oft stammt das einzige Licht von nackten Glühbirnen an bloßen Kabeln. „Landadel geht mit Hühnern ins Bett und steht mit ihnen auf, unser Licht ist die Sonne“, belieben der Graf zu scherzen.

Die Sitzmöbel und Kissen von Defla sind mit Stoff bezogen, der auch als Gardinen an den Fenstern hängt: ein fahles Weiß mit Kornblumenblau, Ochsenblutrot mit gelblichem Grün, fast schwarzes Braun mit brennendem Orange. Die Muster sind geometrisch und verlaufen wie ein verregneter Tintenbrief. Es gibt auf Mallorca nur noch eine Weberei, die diese Stoffe produziert und man braucht Unmengen davon für ein Sofa, da sie nur 90 Zentimeter breit liegen. Das ist das Maß der antiken Webstühle aus Olivenholz. Natürlich kann jeder, der viel Zeit mitbringt, diese Art Stoff kaufen – aber nicht in dem Muster von Defla. Das gehört dem Grafen von Spanien, so wie bestimmte Kilt-Muster schottischen Adeligen.

Wenn ich mich nach einsamen Wanderungen durch Defla (España hatte sich zum Nickerchen hingelegt) verabschieden wollte, saß seine Familie meist unter einer gewaltigen Platane rund um einen Ziehbrunnen hinter dem Haus im Schatten. Die

Damen strickten, der Sohn und Erbe studierte ein Geschichtsbuch von 1793, die Zeit schien stehen geblieben und ich schleiche auf Zehenspitzen davon. Warum? Weil ich befürchtete, dass die Idylle zu Staub zerfällt, wenn ich mich heftig bewege.

P. S.: 1. In Defla sieht man ein Kuriosum – eine in zwei Teile zerrissene Kette am Portal. Dies bedeutet, dass ein König von Spanien zu Gast war und sein Besuch so freundschaftlich verlief, dass die symbolische „Kette der Leibeigenschaft" gesprengt wurde. Zum Beweis gestattet der König das Anbringen der Teile rechts und links von der Tür.

2. Den Españas gehört auch eine Touristenattraktion in Palma: die Arabischen Bäder hinter der Kathedrale.

3. Es konnte ja eigentlich nicht sein, dass eine Familie Spanien heißt und nicht das Land regiert (hat). Der Historiker Gaspar Valero i Marti erklärte mir, was der Conde immer verschwiegen hatte: Die Familie war „vor Ewigkeiten" aus Frankreich eingewandert, hieß mal Espagnac und war, weil's so ähnlich klang, auf den Landesnamen hispanisiert worden. So lange sind die „Ewigkeiten" allerdings nicht her: Gegen Ende des 18. Jahrhunderts flohen Hunderte vor der Französischen Revolution nach Mallorca. Und da haben die Espagnacs dann Defla gekauft, das älteste, durchgehend bewohnte Haus Mallorcas, und sich seine Geschichte angeeignet ...